班主任如何带好差班

赵坡 ◎ 著

中国轻工业出版社

图书在版编目(CIP)数据

班主任如何带好差班／赵坡著．—北京：中国轻工业出版社，2012.7（2022.1重印）
ISBN 978-7-5019-8770-2

Ⅰ.①班… Ⅱ.①赵… Ⅲ.①班主任工作-工作方法 Ⅳ.①G451

中国版本图书馆CIP数据核字（2012）第078388号

总 策 划：石 铁
策划编辑：吴 红　　　责任终审：杜文勇
责任编辑：吴 红　　　责任监印：刘志颖

出版发行：中国轻工业出版社（北京东长安街6号，邮编：100740）
印　　刷：三河市鑫金马印装有限公司
经　　销：各地新华书店
版　　次：2022年1月第1版第5次印刷
开　　本：710×1000　1/16　印张：15.00
字　　数：140千字
印　　数：11001—13000
书　　号：ISBN 978-7-5019-8770-2　定价：30.00元
读者热线：010-65181109，65262933
发行电话：010-85119832　传真：010-85113293
网　　址：http://www.chlip.com.cn　http://www.wqedu.com
电子信箱：1012305542@qq.com
如发现图书残缺请与我社联系调换
120228Y1X101ZBW

自序：其实，我真的不想带差班

其实，我真的不想带差班。

我知道我这样说话很"危险"——有些老师可能因此而认为我不敢接受挑战，有的老师可能因此而质疑我担任班主任的能力，甚至有的老师可能因此而怀疑我热爱教育的情怀……不管后果怎样，我依然坚持说出我此时的心声：其实，我真的不想带差班。

自从2008年以来，我经常游走于K12班主任论坛、教育在线班主任论坛、班主任网论坛，同时也先后加入了几个教育研讨群。最初，我的想法很简单：我想到网络世界里向同行们学习先进的理念和科学的方法，同时也寻找几位"同病相怜"的网友以便诉诉苦。然而，我发现我的目标只能实现一半：我的确可以学习到先进的理念和科学的方法，但是很难找到"同病相怜"的网友。在很多网友的帖子里，其主要内容差不多均是有关"幸福"、"爱"、"成功"的，很少有涉及"苦闷"、"恨"、"失败"的。这样的感觉让我很"受伤"，同时也让我真切地感觉到自己的带班水平很低，我的专业成长空间还比较大。就在这时，我开始阅读教育报刊及教育专著。

今年，是我毕业的第六个年头。在这几年里，我先后带了五个班级（高中分班较频繁，我带的班最长的是一年半，最短的是一学期），其中只有一个重点班级，这个重点班级是我带的第三个班级。这样的经历让我体会颇深：第一次带班时，我感觉很吃力，很多夜晚因为不能很好地处理班级事务而失眠，很多时候都有苦闷、恨、失败的感觉；第二次带班时，我感觉比较吃力，但已经比第一次时显得轻松些；第三次带重点班时，我多次感到很幸福、很轻松——这让我产生了一种错觉：因为我的带班能力提高了，所以我感到幸福和轻松了；第四次带班时，也就是本书中经常提到的高一（5）班，这个班级毫不费力地把我"打回了原形"——苦闷、恨、失败，而且比第一次带班时更厉害；第五次带班时，我又体会到第二次带班的感觉了——比较吃力，略显轻松。

这五次的带班经历，特别是后两次的带班经历，让我更清晰地认识到三点：

（1）一位优秀的班主任，必定是一位心态良好、理念先进、视野开阔、知识渊博、方法科学、善于沟通的班主任。班主任专业素养的完善，是一项长期的系统工程，不可能在一朝一夕之间完成，不可能只在重点班级（本书中一般称之为"好班"）完成，也不可能只在小学、初中、高中某一个阶段完成。从这个角度来说，我不认为任何一位优秀班主任能完全称得上"专业素养完善"的班主任。我们的经历决定了我们的经验及思考的局限性，虽然教育理念及教育方法有共通性。

（2）对于差班来说，没有最差，只有更差。当初，我在带前两个班级时，一直想不通世界上怎么还存在这么差的班级。等到我带第四个班级时，我突然觉得自己很幸运，因为我身边就有比我们班更差的班级。有些差班之差，是一些身在公办重点学校的班主任无法体会到的。我这样说，有些老师可能觉得我在危言耸听。此时，我不想做任何解释，我想有一些差班的班主任能认可我的想法。事实上，比我遇到的差班更差的班级，应该是存在的。比如，以男女生之间的行为为例，我遇到的恋爱的男女学生只是在白天上课时彼此把手握在一起，远远不如"摸奶门"事件那样恶劣。

(3) 好理念、好方法，在差班不一定能产生好结果。在一般情况下，对于很多班主任来说，随着班龄的增加，其教育理念应该越来越先进成熟，其教育方法应该越来越科学实用，这样一来，其带班效果应该越来越好。但是，根据我的经历，我第四次带班时，反而比第一次带班时还要惨。当然，我的情况可能是个个案。我想再举一个例子。某著名教育报社的编辑 M 老师，在做编辑之前，在一所重点中学担任了很多年的老师，同时也担任了几年班主任，在做编辑的六年中，其所选及所写文章好评如潮，颇受一线老师及教育工作者认可。后来，M 老师从编辑岗位上辞职，来到了一所职高，从他博客上的文章来看，在近一年的职高班主任经历中，他也挺"郁闷"。我多次和他交流有关差班、差生的想法，也引起了他的一些共鸣。

如果现在有两个班级，一个是好班，一个是差班，让我主动选择的话，我肯定会毫不犹豫地选择好班，原因很简单：我"伤不起"——我不想在早上睁开眼的时候，就开始担心某个学生又不起来晨跑了；我不想在晨跑的时候，又有很多屡屡说"肚子疼"的学生来向我请假；我不想在晨跑刚结束时，就接到生活老师的电话，说某某寝室又没有值日，并让我赶快把学生带回去值日；我不想在早读课进教室时，看到睡着的学生比醒着的学生多，听到早读课比晚修课还安静；我不想在批改作业的时候，科任老师又领着某个学生来找我，说他又顶撞老师了，或者她在织十字绣；我不想在晚修课的时候，学校领导打电话告诉我我班又有几个学生在操场上溜达、吸烟、打架或接吻；我不想在晚就寝的时候，寝室已经熄灯了，还有几个学生举着蜡烛或手电筒在玩三国杀；我不想在晚上睡觉的时候，还因为班级的一些烦心事而闹得睡不着……你让我过一天这样的日子，行；你让我过一个月这样的日子，行；你让我过一学期这样的日子，行；但是，你如果让我的整个教育生涯都过这样的日子，那我真的受不了，即便我不发火，即便我颇具耐心，即便我心胸开阔，我也不想天天一睁开眼就看到懒散、颓废、混乱、糟糕、无聊、漫骂等现象。一个人在这种令人恐惧的糟糕环境里生活久了，心灵会受到严重摧残，生命在一定程度上会被严重浪费——正如一些差班班主任们所说，"这是要命的事情"。我梦想着天天生活在美好中，那是一种对生命最有价值的享受。那些什么"带差班容易出成绩"、"领导对差班的要求低"以及"差生以后对老师更感恩"的便宜，我一点也不想要。

然而，如果命运真的安排我们必须担任差班的班主任了，那么就算是为了使自己以后少一点麻烦，也有必要好好研讨一下带差班的方法。写作本书的目的，正是想和那些"命运不济"而又尽职尽责、热爱教育的差班班主任们一起来研讨带差班的方法，希望可以收到抛砖引玉的效果。

以上这些文字，充分倾诉了我的"怨妇情结"。后面书中的文字，可能会略微变得理智些。

是为序。

目 录

自序：其实，我真的不想带差班 ………………………………………… I

一、带好差班的基础：了解差班形成的原因 ……………………… 1
    故事导读："对症下药"的由来 …………………………………… 1
    1. 当地社会：轻视或曲解读书的意义 ………………………… 2
    2. 所在学校：缺乏对教育底线的坚守 ………………………… 6
    3. 生源质量：自然选择后的整体差异 ………………………… 10
    4. 典型学生：很难修补的破窗源头 …………………………… 13
    5. 科任老师：教学与管理能力薄弱 …………………………… 18
    6. 班主任：心态与能力双重"缺钙" …………………………… 21
    温馨提示：差班的成因很复杂 …………………………………… 25

二、带好差班的前提：良好的心态很重要 ………………………… 27
    故事导读：好好经营你的"心理账单" …………………………… 27
    1. 认识学生：什么是差生 ……………………………………… 28
    2. 认识自己：我不是神 ………………………………………… 31
    3. 认识教育：教育不是万能的 ………………………………… 35

4. 认识环境：换个角度看问题 ·················· 38
　　5. 认识犯错：不是针对我们 ···················· 41
　　温馨提示：心态平衡，生活便有阳光 ·············· 45

三、带好差班的关键：关系大于一切 ················ 47
　　故事导读："刺猬法则" ························ 47
　　1. 珍惜缘分：有缘千里来相会 ·················· 48
　　2. 魅力释放：我平凡，但不平庸 ················ 52
　　3. 生命重合：你会忘了我？我不信 ·············· 56
　　4. 心心相印：爱你没话说 ······················ 60
　　5. 心有灵犀：我曾经也是学生 ·················· 64
　　6. 心中有佛：我们不是彼此的敌人 ·············· 68
　　7. 积攒威信：我不是软柿子 ···················· 72
　　8. 树立榜样：让学生难发现缺点 ················ 77
　　温馨提示：让犯错学生觉得对不起你 ·············· 81

四、带好差班的原则：有底线，有人情味 ·············· 85
　　故事导读：印第安人的捕熊方法 ·················· 85
　　1. 法治总比人治好 ···························· 86
　　2. 教育的目的不是惩罚 ························ 93
　　温馨提示：不要把自己变成"恶人" ·············· 108

五、带好差班的支柱：力量用在刀刃上 ·············· 111
　　故事导读：请把大铁球荡起来 ·················· 111

1. 不要被"刺头"牵着鼻子走 113
2. 巧妙应对问题生 120
3. 大多数学生才是班级主体 133
温馨提示：黑点之外更需要呵护 139

六、带好差班的捷径：用清水替换污水 141
故事导读：宋就帮邻国种瓜 141
1. 人生历程：你想留下怎样的痕迹？ 142
2. 公共场所：做一个文明的人 151
温馨提示：要想除草，请先种庄稼 160

七、带好差班的法宝：工作越细越好 163
故事导读：细节的疏忽酿成惨剧 163
1. 仪表 164
2. 卫生 166
3. 作业 169
4. 课堂 172
5. 课间 175
6. 手机 177
7. 爱情 179
8. 座位 182
9. "两操" 187
10. 查寝 189
温馨提示：轻松进班，等待反复 191

八、带好差班的保障：处理好突发事件 ……………………… 197

故事导读：智利矿难之谜 …………………………………… 197
案例一：学生殴打老师 ……………………………………… 198
案例二：女生失踪了 ………………………………………… 208
案例三：课间的围殴 ………………………………………… 215
温馨提示：我的责任是什么？ ……………………………… 222

后记：那些和我们一起过"火焰山"的人 ………………………… 225

一、带好差班的基础：了解差班形成的原因

 **故事导读**

"对症下药"的由来

东汉医学家华佗的医术非常高明。有两个病人，一个叫李延，一个叫倪寻，都得了头痛发热病，找过很多医生也没治好，于是来找华佗。华佗经过细心诊断，给他们各开了一个药方，给李延开的药方是发散药，给倪寻开的药方是泻药。他们俩一看，心里就嘀咕起来：都是一样的病，怎么用药完全不同呀？于是他们便问华佗这是什么道理。华佗说："吃药要看具体情况，你们的症状相同，可是得病的原因不同。倪寻的病是由内部伤食引起的，李延的病却是由外部受寒造成的。病因不同，当然用药就不能相同了。"两人听了，便放心地服药，他们的病果然都很快就好了。

这便是成语"对症下药"的由来。

差班是如何产生的？我们只有先了解了差班形成的原因，才能"对症下药"。

1. 当地社会：轻视或曲解读书的意义

> 我爸爸也不想让我读书了，他也觉得上大学没有什么用，他本人就是初中毕业，到现在也不比那些上了大学的同龄人挣钱少。

我校所在地方是一个县级市：三国时期吴国赤乌二年（公元239年）开始置县，至今已有1773年的历史；是重要的现代工贸城市、历史文化名城，总人口119.05万人；2010年，实现生产总值457.2亿元、工业总产值1011.5亿元，财政总收入和地方财政收入分别达到60.2亿元和32.7亿元，综合实力和县域经济基本竞争力分别居全国百强县市第42位和第21位。2010年年底城乡居民储蓄存款达到390.5亿元，城镇居民和农村居民人均收入分别达到31268元和12538元，人均住房建筑面积分别达到32.86平方米和47平方米；每百户城镇居民家庭拥有汽车33辆。

从以上这些数据来看，我校所在地是一个经济颇为发达、思想非常开放的地方。因为物质基础雄厚，所以这个地方的学校建设也堪称华美。以我所在的学校为例，学校占地112亩，建筑面积53556平方米；教学楼和公寓楼均采用欧式建筑风格；400米塑胶跑道、真草皮足球场让人叹为观止；餐厅分三层，总面积达到6792平方米；各教室均配置多媒体设备；阶梯教室、实验室、微机室、美术室、音乐室等专用教室设施一应俱全；学生公寓6人一室，阳台、卫生间、淋浴室齐备，并配有空调和热水器。需要说明的是，我校的建设在本地只能算是一般，比我校的建设更加华美的学校比比皆是。

然而，就在物质条件这么优越的环境中，高考成绩如何呢？

2007年，全市普通高校考试报名人数为9223名，上重点线人数597名，上线率为6.47%；2011年，全市普通高校考试报名人数为5302人，上重点线人数为556人，上线率达9.6%，据说这是有史以来最好的成绩。

单从这些数据来看，此地的高考成绩并不令人艳羡，内地很多县的高考成绩要远远比这里好。物质条件如此优越，为什么高考成绩反而这么差呢？我想这和当地社会对读书意义的轻视或曲解有关。下面是我亲身经历的对话场景，具有一定的代表性。

"上学期，你学习还是比较认真的，成绩也不错，但是这学期你好像已经完全放弃学习了。"

"上大学没有什么用。"

"你能说一说你是怎么认识这个问题的吗？"

"我姐姐今年大学毕业，就读的是一个专科学校的会计专业，据她所说，大学的老师上课都是很随意的，一节课扯东扯西的。在这样的课堂上，学生几乎学不到什么东西。我姐姐现在我爸爸的公司做会计工作，很多具体的工作方法都是现学的。"

"你姐姐说的这种情况是存在的，好一点的学校的情况是不是更好呢？难道你不打算亲自到大学里体会一下？"

"我爸爸五十多岁了。等我高中毕业的时候，我爸爸要我直接接管他的公司，我爸爸也不想让我读书了，他也觉得上大学没有什么用，他本人就是初中毕业，到现在也不比那些上了大学的同龄人挣钱少。而我大学毕业后肯定还是要去做生意，与其那个时候去，还不如高中毕业就直接去做生意呢。"

……

"趁这次家长会的机会,我想和你单独交流一下你孩子的学习问题。"

"老师,你请说。"

"前几天,我在与你孩子聊天时,他说他一点也不想读大学。"

"我们家长也不要求他读大学,他只要能平平安安地把高中读完就好了。"

"平平安安?难道读高中还有什么危险吗?"

"我们怕他在此期间参与打架啊,比如闹出人命可就不好了。"

"我认为,你对孩子有这样的要求可能会让孩子更容易出事情。"

"我们就想孩子读高中时多交几个朋友,将来做生意的时候也多一条路走,其他方面的要求没想太多。"

"你的孩子不一定喜欢做生意啊?"

"不做生意?!不做生意,那怎么挣钞票呢?"

……

"你是他爷爷吧?这几次都是你来接送孩子的?"

"他爸爸妈妈在外地办工厂,平时孩子是和我住在一起。"

"听说你也经营了另外一家工厂。"

"是啊。"

"那你平时也够忙的。暑假里孩子是不是一个人在家待着?"

"是啊,从小就这样。"

"开学这几天以来,你的孩子好像一点也不适应学校的生活,白天的课堂几乎全是用来睡觉的。"

"唉!怎么不是这样呢?暑假里他就是一个人在家天天上网,我们虽然也时常提醒他不要熬夜上网,但是又不能天天在身边监督他。"

一、带好差班的基础：了解差班形成的原因

"你的孩子在学校表现得也比较随意。"

"我们现在是知道了，孩子小的时候，我们没有花足够的时间来陪他、教育他，以致他现在养成了很多不太好的习惯。我们现在也很着急，无奈他爸爸妈妈在外地办工厂，而我自己也在办工厂，都很忙。孩子的教育，真的要拜托老师你了。"

"呵呵，我们老师自然会尽力。但是，对于孩子的教育，家长和老师一起努力，效果可能会更好。我也和孩子聊过几次了，我能感觉到他很需要和你们沟通。"

"但是我们没有时间啊，我们要办工厂挣钱啊！"

……

从这些家长和学生的话语来看，"一切向钱看"的思想在当地具有很大市场。读大学，是为了挣钱；不读大学，也是为了挣钱。把读书的意义仅仅局限在如何挣钱上，这严重挫伤了学生学习的积极性，因为他们的父母几乎没有读过几年书，但是生意却做得很成功，活生生的事实摆在眼前，他们难免不在读书方面懈怠起来。另外，不少家长喜欢向孩子许诺，比如让孩子接管公司、给孩子多少多少钱、为孩子安排什么什么工作等，毋庸置疑，这种优厚的许诺也容易让孩子变得懒散，因为父母已经替他们铺好了前行的路，他们为什么还要那么辛苦地读书啊？这种消极的思想来自目光短浅的家长，这些家长不仅未能把优越的物质环境转化为孩子成长的催化剂，反而把其变成了"插在孩子后背上的金匕首"（"股神"巴菲特语）。

我去过本地的不少高中，包括一中等省属示范中学，基本上很难发现那种有浓郁学习气氛的学校。学生身在学校而不想着学习，不想着追求进步,那么就难免会有"被困着"的感觉,这种感觉一旦产生,学生势必就会对学校、对学习产生反感和抵触情绪,而这种不良情绪累积到一定程度,就会让学生在不经意间做出上课睡觉、上课说话、迟到、早退、旷课、随意顶撞老师等违纪行为来,久而久之也就形成了差生和差班。从这个角度来说,当地社会对读书意义的轻视或曲解思想,会从根源上阻碍学校良好学风的形成,而学校良好学风的形成,是构建好班的重要基础。我校所在地方的很多普通高中,差班随处可见,便可作为这个结论的反面例子;而像河北衡水那样的地方,则可以作为这个结论的正面例子。

这是差班形成的来自当地社会的原因。面对社会原因,我们班主任几乎无能为力。

2. 所在学校:缺乏对教育底线的坚守

> 而学校老板呢,不到万不得已的地步,是不太乐意把那些已经装进口袋里的钱再拿出来的,毕竟办学也是需要成本的,毕竟商人投资了就会想着利润回报的,他们要在利益角逐中找到平衡点。利益把教育底线击得粉碎。

前不久,《中国青年报》社会调查中心与新浪校园频道联合实施了一项题为"您有名校情结吗"的在线调查,结果显示,在3871名填答者中,55%的人认为,无论是学生还是家长都存在"名校情结"。

大多数学生和家长为什么均热衷于选择名校呢?对学生和家长来

说，名校除了意味着有面子、好找工作、能抬高身价之外，更意味着优越的学习和成长环境。不管名校是否真正能代表"优越的学习和成长环境"，但学生和家长如此考虑问题的着眼点无疑是美好的，因为一个优越的学习和成长环境，的确能更好地为学生的未来奠基，正所谓"环境影响人"。众所周知，个体的成长会受到社会环境、学校环境和家庭环境的不同程度的影响，在社会环境几乎无法撼动、家庭环境也很难改善的前提下，家长当然会对孩子将要生活一段时间的学校环境挑三拣四。时下，在力所能及的条件下，又有几个家长不真心希望子女能进入"名校"呢？！

由以上数据及分析不难看出：学校环境的优劣对学生的学习及成长影响较大。我想说的是：学校环境的优劣对班级的建设也影响巨大。下面我想和大家说说我的亲身经历。

我曾经工作过的一所学校，在百度里也拥有一个"贴吧"，点击后你会发现，这个学校的"贴吧"里骂人的帖子非常多，而且所有骂人的帖子几乎都是指向一个人的，被骂的人就是这所学校的政教处主任。为什么会有这么多人骂政教处主任呢？就是因为他里外不讨好。

这所学校是一所由华侨商人投资创办的民办学校，这个学校的商业气息非常浓厚，因为学校的方方面面都是和钱联系在一起的，比如在招生方面，只要学生有钱就可以进来，不管学生的中考分数有多低，甚至学生不参加中考也可以，只要学生能交得起钱。当然，如果真是仅仅这样，那么事情还不算严重。

然而，问题并没有这么简单。当学业水平参差不齐的学生入校后，学校就着手对学生进行分层教学，按理说分层教学的出发点应该是好的，但是实际情况并不是这样的。一旦把仅有的一小部分还坚持学习的学生分进少数两三个班级后,那么分进其他班级的学生几乎是没有几个还想着学习了,其厌学程度到了匪夷所思的地步。当这样的学生分进一个班级后,学习变成了令人倍感耻辱的事情,而上课睡觉、上课说话、迟到、早退、旷课、随意顶撞老师等违纪行为倒是备受追捧。于是乎,在很多班级正常上课成了奢望;于是乎,很多老师哀叹道,"上课是要命的事情"。就在老师们忍辱负重、班主任们束手无策的时候,政教处主任站出来了。

政教处主任把学生喊到政教处办公室,态度好一点的学生对他不理不睬,态度差一点的学生是要和他吹胡子瞪眼的。在这般情况下,政教处主任按照学校制度,开始联系犯错学生的家长,并要求家长把犯错学生带回去反省。犯错学生一听可以回家了,变得很高兴,立刻站到了政教处主任这一边,通过威逼利诱后说服家长把其带回家。但是,犯错学生回家之后还是要回来的,如果学生犯的错比较大,那么政教处主任可能要"劝其退学"——注意,仅仅是"劝其退学"。然而,就算是劝其退学,学校高层(老板)也是不太支持的,因为这些要被退学的学生,绝大多数都是那些分数很低、拿钱很多的主儿,如果学校允许其退学,那么就必须将其一部分高价学费退还给他们。在这种情况下,双方在利益角逐之间找到了平衡点:对于绝大多数家长来说,虽然其子女一点也不学习了,但是他们仍希望孩子待在学校里,因为孩子年龄小,因为孩子在学校很安全,因为他们一点也不在乎那点钱,于是他们找领导托关系以便孩子还能继续待在学校;而学校高层呢,不到万不得已的地步,是不太乐意把那些已经装进口袋里的钱再拿出来的,毕竟办学也是需要成本的,毕竟商人投资了就会想着利润回报,此时只要中间人一开口,于是学校领导就半推半就地允许犯错学生重新进入学校了。

"好事不出门,坏事传千里。"当那些重新进入学校的学生把他们的

一、带好差班的基础：了解差班形成的原因

不凡经历告诉同伴后，立刻便在校园里传开了。而那些学生重新回到校园后干什么呢？只能是变得更加肆无忌惮，只能是有仇报仇、有怨报怨，于是他们跑到政教处办公室那里去，直接在政教处的门上写下"某某某，狗生的"等字样，如果感觉这还不够过瘾的话，那么就到"贴吧"里"盖楼"骂他……

　　在这所学校里，最有威信的人是各班的班主任，说句良心话，绝大多数班主任都是真心为了学生好，不管学生学习有多差、习惯有多差。班主任的真心，在一定程度上也获得了学生的尊重。但是，这仅仅是对大多数学生来说的，而"一颗老鼠屎就可以坏了一锅汤"，使班级建设变得不那么顺利的总是那么一小部分学生，他们的能量大，他们的影响大，他们的破坏力也大。对于这一小部分学生，班主任的确是无可奈何的；而这一点，他们似乎比班主任都清楚。于是，班主任稍有不慎，便会被这一小部分学生辱骂甚至殴打。像这样的事情，在这所学校里经常发生。在这种学校，班主任很难得到来自学校的有效支持，班级管理工作的开展完全依靠班主任的个人魅力和个人能力。

　　很显然，这所学校较差的环境，已经从各个方面扰乱了班级的正常建设，进而使班主任的工作变得更加困难。我们要想在环境这么差的学校里构建一个理想中的优秀班集体，更是难上加难。相反，如果在一所环境比较好的学校里，我们就会更容易构建出理想中的优秀班集体，就像各地重点中学里的班级一样，优秀班集体的比率总是很高。当前，在全国赫赫有名的诸多优秀班主任，绝大多数也是出自环境（注：这里的"环境"特指精神文化层面的，而非物质层面的）比较好的学校。

　　这是差班形成的来自所在学校的原因。面对学校原因，我们班主任几乎也是无能为力。

3. 生源质量：自然选择后的整体差异

> 人们几乎从来没有听说过有哪一所名初中或名高中让所有学生免试入学的，包括那些在全国声誉响当当的名校。"巧妇难为无米之炊"，他们更清楚优质生源的重要性。

今年暑假，一同事的女儿幼儿园一毕业，同事就把她送进了文化课补习班，我觉得同事这样做显得有点"发疯"——这不是害孩子吗？！这点常识她应该有的啊。没想到同事无可奈何地说："因为读小学也要入学考试，女儿要是考差了，人家就不收了！"

无独有偶，一个熟人带着儿子到所在学区的小学（这所小学比较好）办理入学手续，没想到人家说"先考试，等考过关了才能办理入学手续"。熟人对此有点纳闷：还没读小学一年级呢，你考孩子什么呢？没想到人家还真拿出了正儿八经的入学考试试卷，朋友把试卷拿过来一看，试卷上的内容几乎全是一年级才能学的。

在此以前，我只听说过小升初时各学校要抢夺生源，没想到小学也要选择生源。如此一来，中国各个层次的学校，包括小学、初中、高中及大学，都开始有模有样地参加生源大战了。

各层次的学校为什么非要参加残酷的生源大战呢？

先看幼升小。如果小朋友聪明可爱，而且又能在入学考试中考出个好成绩，那么就能轻松进入小学学习状态，进而容易取得好成绩；而如果学校对刚进来的小朋友不加限制的话，不管会不会读写拼音或者计算

一、带好差班的基础：了解差班形成的原因

10以内的加减法都收进来，那么最起码他们在一年级的考试中所取得的成绩几乎是不会优于前一类学校的。"赢在起点上"是不是就是这个意思？

再看小升初和初升高。小升初的情况和初升高差不多。小升初虽然属于义务教育范畴，但是各初中的整体优劣还是比较明显的；初升高不属于义务教育范畴，各高中的整体优劣更是如秃子头上的虱子——明摆着呢。"名校"意味着优越的学习和成长环境，家长们热衷于为孩子选择名校；在利益最大化的情况下，名校自然也想方设法选择优秀的生源，因为优秀的生源更容易出成绩。正是在这种情况下，人们几乎从来没有听说过有哪一所名初中或名高中让所有学生免试入学，包括那些在全国声誉响当当的名校——名校靠优秀学生，名师也靠优秀学生；学校考得好，主要是因为收的学生好；老师教得好，主要是因为学生学得好！（当然，我并不否认好学校、好老师对学生成长的积极影响。）这一点他们比谁都清楚，所以他们不敢放松对生源的要求。所以，"低进高出"成了普通学校的杀手锏，而名校从来不敢、可能也不好意思说自己的学生也是"低进高出"。

而高升大呢？2011年暑假，各高校之间因招生而出现激烈的"掐架行为"更说明了生源的至关重要。在记者采访时，一所顶级高校的招生负责人无奈地说："如今的学校评价体系如此单一，哪所学校的招生分数线高，就说明哪所学校好。所以，高校才会为了一分之差而拼得你死我活。"此话道出了招生乱象的根源：在现行制度下，学生和学校唯有紧盯分数，其他则无暇顾及，否则你再优秀，谁来承认你？

整体来看，各层次学校之间的生源大战，主要是以考试分数为依据而展开的。事实上，考试分数的高低是智力因素和非智力因素共同作用的结果，但是从目前中国的实际情况来看，在非智力因素类似的情况下，智力因素更是对考试分数的高低起到了决定作用。而智力的好坏怎么衡量呢？看各种分数！在这种情况下，智力的高低就和分数的高低紧紧捆绑在一起了。

各学校根据自身的综合实力，对学生的考试分数进行了"自然选择"，优秀学校选择分数较高的学生，而不太好的学校不得不"选择"分数较低的学生——当然，事实上他们可能没有选择的机会；而各学生也根据自身的分数高低，对学校的综合实力进行了"自然选择"，考试分数比较高的学生选择优秀学校，而考试分数比较低的学生不得不"选择"不太好的学校。这种"自然选择"后的整体差异，使各学校的生源质量层次分明。

本文用大量篇幅来叙述、评析各级学校之间的生源大战，用意何在？

一方面，学校及班级的好坏在一定程度上取决于学风的好坏。不可否认，绝大多数分数较高的学生，也是比较努力地学习的学生，这样的学生所占比例越大，学校及班级的学风就越好，学校及班级将来的考试分数就会越高，这样学校及班级将来被评价时就会越好。而绝大多数分数低的学生，也是比较厌学的学生，这样的学生所占的比例越大，学校及班级的学风就越差，学校及班级将来的考试分数就会越低，这样学校及班级将来被评价时就会越差。

另一方面，校风及班风的好坏在一定程度上取决于学风的好坏。越是努力学习的学生，就越不会做出诸如上课睡觉、上课说话、迟到、早退、旷课、随意顶撞老师等违纪行为来，即便他们可能也存在着严重的心理问题，但并不轻易地爆发出来，这就让校风及班风在外观上显得更加"纯正"，这正是人们乐于看到的欣欣向荣的景象。越是厌学的学生，

一、带好差班的基础：了解差班形成的原因 13

就越倾向于做出诸如上课睡觉、上课说话、迟到、早退、旷课、随意顶撞老师等违纪行为来，即使他们不存在严重的心理问题，也经常会制造出很多麻烦来，这就让校风及班风在外观上显得更加"邪恶"，这正是人们不喜欢看到的混乱不堪的景象。

也就是说，在一般情况下，好学生多的学校及班级，学校及班级也容易好起来；差学生多的学校及班级，学校及班级也容易差起来。学校及班级因为学生的好差而分出三六九等来，这也算是对事实在一定程度上的合理概括。在现实生活中，好学校的班主任往往都是笑容满面的，因为他们感觉带班很轻松，带班很幸福；而差学校的班主任往往都是愁容满面的，因为他们感觉带班比较困难，不仅劳力，而且劳心。

这是差班形成的来自生源方面的原因。面对生源方面的原因，我们班主任几乎也是无能为力的。但我们既然来到这类学校，那么就要面对这类学生，否则我们只有离开。

4．典型学生：很难修补的破窗源头

> 事实上，不管班主任心思多么缜密，几乎不可能完全预防各类"破窗"的产生，同时也很难及时进行完美的修补。从这个角度来说，典型问题学生越多，班级就越倾向于变得混乱。

景星是我之前带过的一个学生。当景星离开班级后，我们班一下子就变得好多了，用某些科任老师的话说，那就是——"我们班解放了！"

景星是何许人也，竟然得到这么"高"的评价？且听我慢慢道来。

景星是一名小个子男生，差不多只有一米五左右，比较瘦弱，其貌不扬，但能量却出奇的大。关于景星的"光辉事迹"，几乎全年级无人不晓——高一入学军训期间，军官气得直想揍他一顿，因为他"站没站相，坐没坐相，走没走相"，身子总是软绵绵的，胳膊总也伸不直，一副嬉皮笑脸的样子。刚开学没几天，景星当起了"带头大哥"，成功策划了一起群殴事件，致使7名学生因此而受到记大过、记过、警告等不同处分，我们班也因此臭名远扬——因为这是高一新生入学后发生的第一件坏事。群殴事件没过几天，景星又在半夜三更召集了几位同学，在宿舍的阳台上吼起了流行歌曲，他就是其中的指挥，这件事情又让4名学生受到处分，而这无疑让我们班的臭名得到进一步的例证。半夜唱歌大约一周后，景星同学手头紧张，竟然教唆一名外班同学，联合敲诈同年级另一名同学，后由于分赃不均而使事情败露。事情的真相让我们几位老师大跌眼镜，根本不敢相信这么周密的策划竟然出自景星之手。此时景星的处分已经累积到"劝退"了，但是学校耐不过他父母的苦苦哀求及死缠烂打，于是他在回家反思一周后又返回学校，这件事情让我们班又有了一个响当当的名字——"黑社会"。回来之后的景星，不仅没有些许收敛，反而显得有点变本加厉：迟到、旷课、不交作业等违反常规的行为几乎天天发生，而且随意走出教室，课堂上毫无顾忌地照镜子，对此他总能找到借口，总是能自圆其说；和老师顶嘴的事情时有发生，特别是在语文、英语等课堂上，更是肆无忌惮地随意大声说话；有一次，在数学老师（女）的课堂上，他竟然说出了"鸡鸡"这样的污秽的话语，数学老师批评了他两句，没想到他在晚上自习结束后竟然拿着碎玻璃去威胁数学老师……至此，景星真的是"恶贯满盈"，他的父母在此前已经为他苦苦哀求过学校数次了，学校也都同意了他们的请求，但是这次已经

一、带好差班的基础：了解差班形成的原因 15

不是用"顽皮"可以简单解释的了，他的父母也觉得没有脸面再向学校苦苦哀求了，景星就此离开学校、离开我们班了，当时正值高一下学期开学初。

景星在学校的这一个多学期的时间里，几乎班级的每一项制度都是由他率先违反的，而且他总是能把这种破坏行为迅速传染给其他同学。面对景星，我这个班主任当然也使出了浑身解数，但后来的结果证明，我的所作所为几乎没有对他产生过明显的积极影响（至少在他离开之前，我的努力还没有明显的效果），你鼓励也好、批评也罢，甚至是发火，都无济于事。对于这样的"刺儿头"，我是第一次碰到，于是我在高一上学期期中就开始尝试对他进行系统研究，此时我发现他在以下两个方面是比较特殊的。

一方面，他家是一个典型的暴发户，良好的家庭教育几乎完全缺失。他的父母文化知识水平都很低，几乎不了解有关家庭教育的常识，只知道给孩子大把大把的钱花，只知道在孩子惹出麻烦后出来摆平事情，无疑这样的"家庭教育"对景星有百害而无一利，景星曾在和我的聊天过程中多次表达过这样的意思：他几乎从来不对事情的后果进行预测，因为他感觉无论发生什么事情，他父母都可以摆平。另外，他父母教给他的唯一人生目标就是"挣钱，多挣钱"，他父亲曾对我多次说过："我们对景星的学习没有任何要求，也不指望他能考上大学，因为上了大学后还是要出来做生意挣钱，我们就想着他将来能接手我们的生意。"这样的"家庭教育"不把孩子引上歧路才怪呢！

另一方面，景星的很多言行都是坏习惯使然，其自控力相当差。比如，当那天他拿着碎玻璃去威胁数学老师后，他就咬定他不是有意的，只是当天镜子破碎后，他拿在手里玩耍，碰巧要和数学老师谈谈有关"鸡鸡"

的事情，就直接去找数学老师了，根本没有意识到手里拿着碎玻璃片在数学老师面前划来划去的，看到他当时说这话的表情，我是倾向于相信他说的话是真的。再比如，他脸上长了几颗青春痘，他几乎一坐在位子上就会用手去摸摸那几颗青春痘，情不自禁地拿出镜子来照一下，这些几乎都是无意识的行为。上面提到的军训，他在站军姿的时候总是控制不住要动一下，在那种情景下，他不会一点也不顾及自己的颜面的，他也不会一点也不在乎其他同学的感受的。这正说明，在以往的岁月中，景星的一些细小的坏习惯并未得到及时更正，致使他根本没有意识到自己的一些习惯是比较差的，这种"无意识"既是其自控力差的根本原因，同时也是其屡屡被处分后仍屡屡犯错的重要前提。

俗话说：一颗老鼠屎能坏一锅汤。此话说得虽然有点难听，但着实很有道理。倘若把班级比作一碗汤的话，那么个别典型学生可能就成了那颗老鼠屎（这样比喻，可能很不厚道），能把班级搅得不成样子，甚至有时我们一想起他（或她）可能都会觉得心神不宁。这样的比喻可能显得刻薄，但确实很有道理，正如我们有时所想，假如班级没有某某某，那么我们是不是突然觉得天空都变得更加明亮了？我们无意于贬损任何学生，只是想说明一点：个别典型学生对班级的破坏作用真的太大了。就像景星，从以前的情况来看，他在我们班一天，我们班级的师生都不得安宁一天。这就是他对班级的破坏作用，这种破坏作用几乎涉及班级的方方面面。

美国斯坦福大学心理学家菲利普·辛巴杜（Philip Zimbardo）于1969年进行了一项实验，他找来两辆一模一样的汽车，把其中的一辆停在加州帕洛阿尔托的中产阶级社区，而另一辆停在相对杂乱的纽约布朗克斯区。停在布朗克斯的那辆，他把车牌摘掉，把顶棚打开，结果当天就被偷走了。而放在帕洛阿尔托的那一辆，一个星期也无人理睬。后来，辛巴杜用锤子把那辆车的玻璃敲了个大洞。结果呢，仅仅过了几个小时，它就不见了。以这项实验为基础，政治学家威尔逊和犯罪学家凯琳提出了一个"破窗效应"理论：如果有人打坏了一幢建筑物的窗户玻璃，而这扇窗户又得不到及时的维修，别人就可能受到某些示范性的暗示而去打烂更多的窗户；久而久之，这些破窗户就会给人造成一种无序的感觉，结果在这种公众麻木不仁的氛围中，犯罪就会滋生并至猖獗。

事实上，典型学生之于整个班级的影响，也正在于他们是班级产生"破窗"的源头，因为他们总是最先违反规章制度的人。当他们率先打破了班级的第一扇"窗户"时，而我们班主任又未能及时进行维修，那么其他学生就会因此受到某种暗示，进而去打破更多的"窗户"，这种恶性循环一旦形成，学生的规则意识就会越来越淡薄，违纪行为也就会越来越多。事实上，不管我们班主任心思多么缜密，几乎不可能完全预防各类"破窗"的产生，同时也很难及时进行完美的修补。从这个角度来说，典型问题学生越多，班级就越倾向于变得混乱。

这是差班形成的来自典型学生的原因。面对来自典型学生方面的原因，我们班主任还是可以有一定作为的。关于班主任如何作为的内容，在后续章节中再详细论述。

5. 科任老师：教学与管理能力薄弱

> 倘若科任老师既不能把自己的课堂管理好，又不能主动地及时和班主任交流沟通，那么一旦学生在这些科任老师的课堂上形成了一些坏习惯，就非常难以改善了。另外，学生还会在无形中把这个课堂上的坏习惯延续到下一个课堂，这无疑又增加了其他科任老师管理课堂的难度。

高一（5）班是我所带班级中迄今为止让我感觉最差的"作品"。这个班最让我头疼的问题是，学生的课堂状态极差，全班总共50人，有时某些课堂上睡觉的人数都能达到10人以上，睡觉率甚至超过了20%！然而，就是在这种糟糕的状况下，一些科任老师还能坦然地把课讲下去！

问题到底出在哪里呢？

高一（5）班是一所普通民办学校的普通班级（高一年级共15个班级），这句话中的两个"普通"和一个"民办"或许已经揭示了这个班级的本质属性：多数学生的习惯比较差，多数学生比较厌学，问题学生所占比例比较大……尽管这个班级的问题多多，但是这个班级作为一个整体，还是取得了不错的成绩的，比如军训时被评为"文明集体"，在趣味运动会上被评为"优胜团体"，元旦时获得"大合唱第三名"的好成绩，校园篮球赛时更是一举夺魁……在各方面均这么优秀的学生，为什么在课堂上表现那么差呢？

鉴于多数学生的基本情况，要想使课堂保持良好状态，以我的经历

一、带好差班的基础：了解差班形成的原因

来看，科任老师必须做到两点：一是要把课讲得精彩，因为多数学生本身就不想学习，老师要是把课讲得索然无味，学生肯定更不愿意听讲了；二是要善于管理课堂、敢于管理课堂，课堂纪律一点也将就不得，不把课堂纪律整顿好，上课是没有多大意义的。也就是说，做这些学生的老师，教学和管理能力都要比较强才行，缺一不可。另外，因为多数学生比较厌学，就算老师讲得再精彩，学生可能也会不买账，因为听讲总没有用手机上网聊天有意思吧？！从这个角度来说，"管"要比"教"更重要，从当年的各项数据来看，要想取得好成绩，"管"要占七分，而"教"只能占三分。也就是说，管得好要比教得好更重要。现在来看一看高一（5）班科任老师的情况吧。

语文老师W是一位年近60的特级教师，应该说在知识点的把握方面是没有任何问题的，但是W老师的课堂平淡无奇，一些学生听着听着就睡觉了；另外，W老师是一个非常和蔼、脾气非常好的人，即便是生气了，批评学生时也比较和善，面对这样的老师，学生想干什么就可以干什么，感觉比较自由。总之，语文老师的课堂比较混乱，学生语文成绩较差。

数学老师L是一位四十多岁的水平很高的老师，在进入我校的第一年，工作认认真真、兢兢业业，但是却未得到学校的客观评价，一恼之下L老师学会了"放羊"，一节课随便讲个20分钟就算完事，讲完了就溜之大吉；而晚自习呢，在办公室里打打游戏，在一盘游戏结束的间隙才到教室里转一转。总之，数学老师的课堂比较混乱，学生数学成绩极差，多次考过全年级倒数第一。

英语老师N是一位刚刚三十岁出头的健壮男老师，单从外表来看，N老师还是比较威严的，但是接触一段时间后，你会发现，他就是一个大男孩，在课堂上经常和学生东扯扯西扯扯，然后利用剩余的时间给学生讲讲主要知识点，一节课就完了。总之，在英语老师的课堂上睡觉的人数最多，学生英语成绩比较差。

物理老师 C 是一位四十多岁的男老师，比较威严，对课堂的管理还是比较好的。但是，他是中途接班，碰巧高一（5）班的前任物理老师的课讲得非常精彩，而 C 老师的普通话让很多学生听不懂，一些学生虽然不会在物理课堂上随意说话，但就是不听讲。总之，物理老师的课堂纪律较好，但是学生物理成绩极差，考过倒数第一，而且平均分有时会比第一名低将近20分（总分100分）。

化学老师就是我这个班主任，很明显，我有班主任这个身份优势，在学生面前也有威信，课堂纪律基本不成任何问题；另外，我嗓门大，讲课比较有激情，语言也很幽默，多数学生还是比较喜欢我的课的。总之，我的化学课堂状况良好，学生化学成绩也比较优异，自始至终都是年级第一。

政治老师 T 是高一年级年级主任，讲课有一套，管理也有一套，做思想工作也有一套，学生都被他"忽悠得"团团转，对他很信服，基本上上课前两分钟就跑到教室里响亮地背诵重要知识点了。总之，政治老师的课堂状况良好，学生政治成绩也比较好，一直处于年级前列。

历史老师 L 是一位非常有学生缘的男老师，非常受学生的欢迎，学生很给他面子，再加上他的课讲得比较精彩，多数学生也乐意学习历史。总之，历史老师的课堂状况良好，学生历史成绩也比较好，一直处于年级前列。

地理老师 W 是一位高大威猛的青年男老师，和英语老师 N 相似，喜欢和学生开玩笑，但常常收不回来，他的课讲得一般，学生想听就听，不想听就睡觉。总之，地理老师的课堂比较混乱，学生地理成绩较差，但没有考过倒数第一。

一、带好差班的基础：了解差班形成的原因

这样一一叙述高一（5）班的科任老师，我们就可以清晰地看出：在八位科任老师中，能正常调控课堂的只有三位，其他老师都存在这样那样的问题（这些老师任教的其他班也存在类似问题，我班的情况并非个案），特别是不善于管理课堂。

课堂管理是班级建设的核心，课堂管理除了需要班主任鼎力相助外，更需要各科任老师的积极参与。倘若科任老师既不能把自己的课堂管理好（特别是接班的最初时期），又不能主动地及时和班主任交流沟通，那么一旦学生在这些科任老师的课堂上形成了一些坏习惯，就非常难以改善了。特别值得一提的是，学生在一些课堂上的糟糕状态极有可能延续到下一节课上，这不仅破坏了班级的课堂状况，而且增添了其他科任老师的管理难度，最终让整个班级的课堂状况都处于危险境地。课堂状况差了，不仅导致学生的学习成绩变差，还会使学风变差，而学风一旦变差，班级离变差就不远了。

这是差班形成的来自科任老师的原因。面对科任老师方面的原因，我们班主任可以积极主动地应对。关于班主任如何积极主动地应对的内容，在后续章节中我再详细论述。

6．班主任：心态与能力双重"缺钙"

> 心态越失衡，就感觉班级事务越棘手，而感到班级事务越棘手，心态就越失衡，这种恶性循环一旦建立，班主任将感到越来越烦闷、急躁、无奈，再加上原本就薄弱的带班能力，就很难将班级引上正轨了。

前面提到的高一（5）班，是我所带班级中迄今为止让我感觉最差的班级。很明显，作为班主任的我，要为高一（5）班的差负重要责任，这一点不可否认，也不可回避。那么，作为班主任的我要负哪些责任呢？以我目前的思想来看，我至少要负两方面的责任：一是未能调整好心态，二是带差班的能力有限。

先来说我的心态问题。

在接手高一（5）班之前，我一直在高二、高三年级担任班主任，还没有担任高一班主任的经验。在我原来工作的学校，当我带完一届高三后，学校仍然要我担任高二的班主任，而我内心非常渴望担任高一年级的班主任，在和学校领导洽谈之后感觉无望的我毅然选择了离开原来工作的学校，而来到了现在工作的学校。在和现在工作的学校的领导谈劳动合同时，我只提了一条：必须让我担任高一班主任。接下来，我如愿以偿地担任高一班主任了，接手的正是高一（5）班。

如愿以偿的我当然干劲十足，在军训期间，我几乎拼命地做各项工作，包括给学生写信、找学生聊天、召开主题班会、选拔班干部、建立学生心灵档案、自始至终全程陪伴学生参加军训等，也就是说，在那段时间，班级的各项工作开展得有声有色，效果也比较显著，除了获得年级主任、校领导的表扬外，我班还获得了"军训文明班集体"等荣誉称号，而且更重要的是，我和学生相处得也比较愉快。这段时间，我工作尽心，同时也感到比较舒心。

转折点出现在我班内部的一次小规模的群殴事件：两名前后排的男生因为窗户问题而发生口角，然后在别人的唆使和策划下，六名男生打了另一名男生（无明显外伤，经医院检查也无内伤，并不严重）。事情发生后，我先是做好了安抚和调查工作，碰巧年级主任（我老乡，带班水

一、带好差班的基础：了解差班形成的原因

平颇高）经过，我就征求他的处理意见，他说这要看被打学生的意思：是想放在班级内部处理，还是放在学校政教处处理？被打的男生选择放在学校政教处处理，但态度并不是很坚决，如果我要把事情放在班级内部处理，那么也是可以的。不过，我转念一想：虽然被打男生伤得不重，但是性质比较恶劣，因为六名男生是把那名男生引诱到体育室围着打，还有踹黑脚的（家长得知这些细节后，也要求放到政教处处理）。我想，如果适当给予他们一定的处分，可能惩戒效果会更好一点，再说不处分那六名男生，被打男生的家长可能也不同意。基于这样的考虑，我迅速找到政教处主任把情况汇报了。按照教育规律，在此困难时刻我需要学校政教处的大力帮助和鼎力支持（因为我们的共同目标是教育学生），而不是学校政教处的质疑、责怪甚至是拆台。但是，我最不愿意看到的事情还是发生了：政教处主任随即召开了全校班主任会议，把高一（5）班的群殴事件当作典型进行了通报，而且严厉无情地发出了"为什么人家的班级不出事"的质问！这让我感觉很不舒服，也闹了情绪：一是感觉自己很没有面子；二是感觉他把责任全部推到了班主任身上；三是从他说的话来看，我觉得他几乎毫无教育常识，这让我很失望。自此，我感到很苦闷，有时会感觉自己跳错了槽，有时会怪罪自己很无能，有时会埋怨班级的学生特殊、科任老师不好、教室位置不好……后来接二连三发生的一些班级琐事更让心态失衡的我苦不堪言。我的满腔热情被当头泼了一盆冷水，这让我几乎感到绝望。心情极其郁闷的我，当即提出要辞掉班主任职位，并扬言："这样的话，我永远带不好班！"也就是从这一刻起，我开始生活在自暴自弃、怨天尤人又不甘心不服输的自我矛盾中，无疑这让我不能正常地开展班级管理工作。

从叙述来看，我的心态在我的年轻气盛、意气用事中彻底失衡了，而高一（5）班在我心态失衡的情况下根本就没有来得及走上正轨。如此这般，心态越失衡，就越感觉班级事务棘手，而越感到班级事务棘手，心态就越失衡，这种恶性循环一旦建立，班主任将感到越来越烦闷、急躁、无奈，而班级也会变得越来越混乱。有一段时间我甚至一听到"高一（5）班"就感到头疼，不是迫不得已我都不会主动走进高一（5）班的教室；有时看这不舒服，看那不完美，甚至感到自己都有点面目可憎。至此，我的心态已经完全不正常了。

接着说一说我的带班能力。

在接手高一（5）班之前，我也带过两个差班，但说实话，前两个差班没有高一（5）班那么差，尤其是在差生方面不可同日而语。以前我用过的一些比较有效的班级管理方法，在高一（5）班身上仿佛一下子都失灵了，用起来感觉很不顺畅。当碰到一些问题时，我真的感到束手无策。比如，几个差生形成了一个小团体，这个小团体倒不是针对我，而是合在一起欺负一些弱势群体，有时甚至有意欺负个别女生班干部，不是暗地里从中作梗，就是明摆着不配合，致使个别女生班干部无法正常开展工作。我分别采用了劝慰、引导、拉拢、分化等方法，但均收效甚微。情急之下我只好利用自己的威信来严正警告他们，才使得他们有所收敛，但这只是一种维持现状的应急办法，并不是长治久安的理想之策。另外，在面对典型问题学生时，我常常也感到无能为力，比如前面提到的那个叫景星的男生，后来我发现我对他施行的教育方法几乎毫无可圈可点之处。总之，在带高一（5）班的过程中，焦头烂额的感觉一直伴随着我。

这是差生形成的来自班主任方面的原因。面对我们班主任自身的原因，我们当然要自觉地先把问题解决掉，否则其他问题就难以解决。关于我们班主任如何才能更好地解决自身问题，在后续章节中我再详细论述。

一、带好差班的基础：了解差班形成的原因 25

差班的成因很复杂

本章节主要讨论的问题是差班形成的六种普遍原因。

事实上，差班形成的原因可能还有很多，比如男女比例失调、班级人数过多、留守儿童过多、单亲家庭学生过多等，甚至有一些很微小的事情都可能成为差班形成的原因。举个简单的例子，我们高一年级的15个班级分在三层教学楼，每一层安排5个班级，但是4个重点班都安排在第二层和第三层，第一层没有一个重点班，而事实表明，与好班为邻，对于差班的转型是有示范意义的。

再举个简单的例子，班主任办公室都设置在每一层教学楼的东端，而像我带的高一（5）班就在最西端，也就是说，相对其他班级来讲，我是办公室离教室最远的班主任。你还别小看这一点，影响大着呢！根据本届高一的情况来看，在最西端的三个班级都比较差，其中一个班级的班主任还因此而被学校解聘。一方面，班主任离班级近一点，学生捣乱的时候就会收敛一下，因为学生这边一闹出什么动静来，那边班主任就可以听到，这样风险就太高了，这种地利优势本身就能对学生产生震慑作用；而如果班主任离班级远一点，学生捣乱的时候可能就会没有什么顾忌，那种震慑作用几乎就不存在了，学生也就更容易闹哄哄的了。另一方面，办公室离教室近一点，班主任去班级巡视就方便一点，有时就连上厕所的时候都可以顺道到班级看一下；而如果办公室离教室远一点，班主任去班级巡视就不太方便，要想去班级，有时要专门走一趟，所付出的代价比较高，这无疑会降低班主任到班级巡视的频率，班主任去班级的次数少了，学生当然会更加随意放松了。

（讨论此问题的前提是，所带班级为不太好的班，多数学生的自律性比较差，班级良好氛围的建立需要以班主任长期"盯"为基础。）

　　总之，差班形成的原因比较多，也非常复杂，而且每一个差班也有每一个差班的特殊之处，实在难以完全概括出来。事实上，差班形成的原因到底有多少种并不是我们考虑的主要对象，我们所重点考虑的问题应该是我们自己的差班形成的原因，只有对自己的差班形成的原因进行准确把脉，我们才能进行下一步的工作。那么，下一步的工作是什么呢？

　　在我们准确找到自己的差班形成的原因后，下一步的工作应该是对各种原因做出科学分类，即哪些原因是由自己造成的，哪些原因是由他人造成的，哪些原因是先天性的。比如，班主任的心态失衡是自己造成的，课堂纪律差主要是由科任老师造成的，学校环境差是由学校造成的……

　　当我们对差班形成的原因进行科学分类之后，我们就会发现，有一些问题是我们自己就可以解决的，有一些问题的解决需要教育合力，有一些问题可能很难解决——比如，我们的心态不好，只能靠我们自己来调整；而课堂纪律比较差，我们可以联合科任老师来共同解决；而学校环境比较差，我们一线班主任对此几乎无能为力……

　　当知道哪些问题我们可以解决的时候，我们的思路也就非常清晰了：可以解决的，我们就尽全力去解决，即使前面困难重重，我们也要全力以赴，因为我们不去解决，问题就永远摆在那里，差班就永远无法发生质变；不能解决的，我们就坦然地面对，并尽力规避或减小其不良影响，再大的埋怨和再多的牢骚都无济于事。

　　认识差班形成的原因，其最终目的正在于此。

二、带好差班的前提：良好的心态很重要

 **故事导读**

好好经营你的"心理账单"

美国普林斯顿大学心理学教授丹尼尔·卡尼曼（Daniel Kahneman）经过深入研究发现，人们在做决策时，往往不是严格估计正确的收益，而是比较容易快速评价它的优劣。卡尼曼教授曾经举了这样一个例子，假设美国正在救治一种疾病，救治对象共有600人，为此人们提出了两种不同的救治方案，分别通过下面两种方式描述：

描述一：现在有两种方案，方案A，可以救活600人中的200人；方案B，有1/3的可能性救活全部600人，2/3的可能性一个也救不活。实验结果是：人们不愿意冒风险，更愿意选择方案A。

描述二：现在有两种方案，方案C，会使400人死亡；方案D，有1/3的可能性无人死亡，有2/3的可能性600人全部死亡。实验结果是：死亡是一种失去，人们更愿意去冒险选择有概率的事情，因此选择方案D。

事实上，A和C，B和D本质是一样的，采用不同的描述方法，结果却大相径庭，因为人们在面对收益和损失时采用的是截然不同的心态。经济学家认为，在可以计算的大多数情况下，人们对所损失的东西

的价值估计,要远远高出得到相同东西的价值估计。这是人们经营"心理账单"的一种自发趋势。

担任差班的班主任,我们会面临更多困难,也会付出更多,为此我们要好好地经营我们的"心理账单",以免长期生活在患得患失中而不能自拔。

1. 认识学生:什么是差生

> 我反对单纯地把成绩不好或者智力不高的学生定为差生,差生应该仅仅限制在"成人"方面,而"成人"的内涵应该包括高尚的品德、健全的人格、健康的心理和高度的责任感四个方面。

到底什么样的学生才算是差生?下面来谈谈我个人的理解。

既然把一些学生视为差生,那么他们到底在哪些方面比较差呢?也就是说,我们要以什么样的依据来判定学生是不是差生?我想,这要从教育目的这个角度来进行分析。教育目的是把受教育者培养成为适应生存、适合发展的人,这个总要求,是根据一定社会的政治、经济、生产、文化、科学、技术等发展的要求和受教育者身心发展的状况共同确定的,它反映了一定社会对受教育者的要求,是教育工作的出发点和最终目标,也是确定教育内容、选择教育方法、检查和评价教育效果的根据。

虽然教育目的随着社会的发展而演变,但是教育目的对教育所要培养的人的质量和规格的总要求没有变,即教育目的就是解决把受教育者培养成什么样的人的问题。今天,我们的教育目的可以用通俗的语言来

二、带好差班的前提：良好的心态很重要 29

概括，即"成人成才"，而且"成人"是首要目的，也就是说，"成人"比"成才"更重要。从这个角度来说，差生应该是在"成人"或"成才"方面甚至两方面都比较差的人。这里需要我们思考三个问题。

首先，不管是"成人"还是"成才"，都是逐步发展、逐步完善的过程，不适合在人生起点或者初级阶段就对受教育者做出定型评价。也就是说，对于婴幼儿，我们无法准确判断他们是否"成人"或"成才"，即一个人只有在拥有一定程度的教育经历和成长经历后，才可以被给予好或差的评价。那么所谓"一定程度的教育经历和成长经历"的底线应该放在什么阶段才算合适呢？对于这个问题，我很难给予准确的答复，这和个体生存的环境有莫大关系。比如，爱迪生小时候不但不聪明，反而显得有点笨拙，但长大后却表现出惊人的创造力，我们如果在他小时候就对他做出"不成才"的结论显然过早。从这个角度来说，我反对把任何一位幼儿园小朋友、小学生甚至中学低年级学生简单地评为差生的做法。

其次，差生的"差"到底应该锁定在"成人"还是"成才"方面又或者是两个方面？前文已经提到，"成人"比"成才"更重要，古语云："口能言之，身能行之，国宝也；口不能言，身能行之，国器也；口能言之，身不能行，国用也；口言善，身行恶，国妖也。"我们可以套用这句话：既成人又成才，国宝也；虽成人但不成才，国器也；不成人但成才或既不成人也不成才，国妖也。前两句好理解，不再解释，这里重点分析最后一句。"不成人但成才"者为什么也算是国妖？历史上有这样的例子，德国著名化学家哈伯曾利用自己高超的化学知识来为纳粹组织制造武器，这种助纣为虐的行为让更多的生命凋零，哈伯因此算"妖"。"既不成人也不成才"的人为什么也算"国妖"？历史上也有这样的例子，比如刘后主身边的黄皓，祸国殃民，算是"妖"。从这个角度来说，我反对单纯地把成绩不好或者智力不高的学生定为差生，差生应该仅仅限制在"成人"方面。

最后，是否"成人"的标准又是什么呢？我认为，"成人"的内涵应该包括高尚的品德、健全的人格、健康的心理和高度的责任感四个方面，这四个方面均不难理解：品德高尚的人必定是善良的人，既不会做伤天害理的恶事，也不会做损人利己的坏事；人格健全的人必定是能够全面认识自我、人际关系良好、遇事不卑不亢、个性与公德和谐统一的人，这样的人不仅能够生存，而且能够很好地适应社会；心理健康的人必定是智力正常、心态平和、反应适度、自控力强、意志健全、情感丰富、行为协调、心理特点符合年龄、能正确对待人和事物的人，这样的人不仅热爱生活，而且能创造性地工作；具有高度责任感的人必定能够坚持道德上正确的主张或真理，坚持实践正义原则，坚持为他人做出奉献和牺牲，有作为且敢担当，这样的人是社会进步、人民幸福的基石。从这个角度来说，差生就要从品德、人格、心理及责任感四个方面进行判定。比如，在社会上，那些制造地沟油的人可以认定为"品德恶劣型人"，那个囚禁性奴的公务员可以认定为"心理畸形型人"，那些贪官污吏可以认定为"人格不健全型人"；在学校里，那些恶意辱骂老师的学生可以认定为"品德恶劣型差生"，那些动不动就要杀人跳楼的学生可以认定为"心理畸形型差生"，那些屡屡在值日时逃跑的学生可以认定为"责任感缺失型差生"。

如果我们根据对上述三个问题的剖析来定义"差生"，那么我们就会发现：班级内的差生是多么少啊！那些上课睡了两次觉的学生不能算是差生，那些偶尔几次没交作业的学生不能算是差生，那些看课外书的学生更不能算是差生……在可塑性极强的中小学生面前，我们一定要用动

二、带好差班的前提：良好的心态很重要

态的眼光来评价学生，切不可因为一次两次的不良行为就把学生认定为"差生"，差生的认定必须以长期的反复出现且得不到纠正的不良行为为依据。

这样想的时候，我们的内心将会豁然开朗，因为"我们班的差生并不多，那几个调皮学生的言行是正常的"！如此这般，我们还会忧心忡忡吗？

2．认识自己：我不是神

> 我发现我能够解决的问题似乎比悬而未决的问题还要少许多，这么说不是谦虚，因为事实就是这样。后来，我终于明白：我之所以妄想把所有问题都解决得漂漂亮亮，是因为我在潜意识里还是想成为"神"。

今年，是我走上讲台的第六个年头。在我有限的教育经历中，我发现我面临着很多看似简单却难以彻底解决的问题：

比如，我认为在公共场所内不随意扔垃圾、不随意大声喧哗、不随意破坏公物等行为是一个人是否具有公德的体现（当然也是底线），同时我也认为这是成为一个合格公民的最基本的要求。我对此非常重视，也经常在班级采用各种方式来宣传这种道理，但是我发现，几乎每一届学生中都会有那么几个学生对此不以为然，总有那么几个学生在升旗仪式上嘻嘻哈哈，或者站得东倒西歪的。教师理应传播真善美，但是我发现，我并不能在一段时间内把真善美的种子根植于每一个学生的内心，我目前完全没有能力做到这一点。

比如，我认为拥有适宜的兴趣爱好对于个体生命质量的提升有着重要的促进作用，于是我经常鼓动学生发掘、培养自己的兴趣爱好，不管是美术、音乐、舞蹈、体育，还是文学、书法、集邮、考古都可以，每一个人至少要拥有一种兴趣爱好。当我努力这么做之后，我发现我感到非常失望，因为不少学生宁可到处闲逛，宁可发呆发愣也不去发掘、培养自己的兴趣爱好，他们感觉那样做"毫无意义"。此时，我发现自己相当笨拙，因为我无法清晰地表达出我的思想，更不能以一种适合他们接受的方式来表达。

比如，在带过的这几个班级中，我遇到了一些父母离异的单亲家庭的孩子，说句实话，我打心底里同情他们，也真心想帮助他们，虽然他们存在这样那样的问题，甚至是给我惹了很多麻烦。我不辞辛苦地从各方收集大量的信息来了解他们，我毫不犹豫地花费大量的时间来和他们谈心，我小心委婉地给他们提一些如何处理问题、如何调整心态的建议，我真心希望他们能够走出内心的阴霾，能够慢慢地变得优秀起来。然而，当我这么做的时候，我发现，一部分这样的学生依然我行我素，几乎没有向好的方向发生任何转变。此时，我发现自己毫无教育智慧，因为我把握不住恰到好处的教育契机，也没能找到真正触动他们心灵的教育方式。

……

这样的事情在我脑海中还有很多。时至今日，我发现我能够解决的问题似乎比悬而未决的问题还要少许多，这么说不是谦虚，因为事实就是这样。我的性格中有一种"不服输"的特质，这让我常常因为自己的"无能之举"而烦闷、彷徨，有时甚至寝食难安。有两年的时间，我开学时

二、带好差班的前提：良好的心态很重要

的体重要比放假时的体重多出将近10公斤来，比如，有一年暑假开学时，我的体重为74公斤，但当放寒假时，我的体重只有65公斤了，这中间还有一个问题要考虑：9月份开学时我穿的衣服比较少，放寒假时穿的衣服比较多。这样算起来，一学期的教育工作岂不就是要消耗我将近10公斤的体重？！

做教育工作，不仅劳力，而且劳心，尤其担任差班的班主任更是如此。

现在，我依然带差班，但是一学期的教育工作已经不能再消耗我将近10公斤的体重了，因为我"想开了"！

首先，到今年，我才在讲台上站了刚刚5年的时间，算起来，我还是教师队伍中的"毛头小子"。说经验，我实在没有多少经验；说智慧，那实在需要慢慢去悟。一没有丰富的经验，二没有过人的智慧，你凭什么把所有教育问题都解决得完美无缺？这不符合事物的发展规律。我现在正处于吸收阳光、汲取营养的打基础阶段，还不到开花结果的时候呢。如此这般，我不碰壁，该让谁碰壁？！我又不是"神仙"，我只是一个按正常规律成长的凡人而已。

其次，即便我有很多年的经验，即便我很聪明，我也不可能把所有问题都解决掉。为什么这样说呢？对于数学、物理、化学、医学等科学来说，后辈科学家可以站在前辈科学家的肩膀上继续前进，有一些问题前辈们已经完全帮他们解决好了，他们只要拿过来用就可以了，因为水分子就是由两个氢原子和一个氧原子构成的，不会因为不同的人或者不同的情境而发生改变，也就是说，科学家们面对的"水"是"死的"，这些最基础的东西是固定不变的。但是，教育就不一样了，因为不同时代的人思想是不一样的，同一时代的两个人也不是完全一样的，也就是说，老师们面对的"学生"是"活"的，是时刻在变化的，我们不可能拥有任

何和前辈们完全一样的教育经历或者教育对象，我们无法完全继承一些来自前辈们的东西！从这个角度来说，老师的工作比科学家的工作要复杂得多、困难得多！这么困难的工作，你让我样样都能解决，这怎么可能？！我又不是"超人"，我只是一个经历比较多的凡人而已。

最后，事实上，我还是做了一些有意义的工作的，并且也得到了绝大多数学生的认可。走上讲台五年多的时间里，我经常听到学生对我说"你是我遇到的最好的化学老师"、"你是我遇到的最关心学生的老师"、"你是我遇到的最有才的老师"等温馨的话语，这就说明我所做的工作具有一定的价值，整体来说还算是成功的。面对一些问题，我可能感觉无能为力；面对另一些问题，我可能感觉易如反掌。这就是凡人，凡人能解决一些问题，也有一些问题解决不了。

很长一段时间以来，我们老师的头上都被一些光环束缚着，诸如"太阳底下最光辉的事业"、"人类灵魂的工程师"、"春蚕到死丝方尽，蜡炬成灰泪始干"等，于是一方面把什么责任都揽到了自己的头上，另一方面还真把自己看成了"人类灵魂的工程师"，认为自己无所不能，在这种条条框框的束缚下，我们必定身心俱疲。我从不否认老师存在的意义，但是我也不赞成把老师看成神，我们只是平凡的人，我们有能与不能，也有喜怒哀乐。

请记住，我们不是神。这样我们就不会妄想把所有问题都解决得漂漂亮亮，就不会梦想着把所有工作都做得尽善尽美，就不会不经意间在自己的后背上捆上一块大石头，就不会非要把自己悬在半空中，就不会天天想象着把所有差生都成功地转化。只有如此，我们才能拥有一份"看庭前花开花落，望天上云卷云舒"的恬淡与坦然。

二、带好差班的前提：良好的心态很重要 35

3．认识教育：教育不是万能的

> 即便我们做好了所有的铺垫工作，也在最恰到好处的时候实施了最恰到好处的教育方法，同时也心平气和地等待，我们也只能期望这些教育活动产生一定的效果，而不能幻想着我们的教育活动应该达到怎样怎样的目的。

我来自农村，对种庄稼比较了解，下面以种棉花为例来谈一下我了解的情况。

棉花不适宜直接播种到地里，播种前要进行育种。怎么育种呢？第一步是从池塘里挖出一些淤泥来，第二步是在淤泥里掺杂一些草木灰，第三步是按照七八厘米的厚度把淤泥摊平，第四步是等待淤泥进一步变干，第五步是用锋利的刀在淤泥上平均划出5厘米见方的小方块，第六步是用中指在每一个小方块中按下一个1厘米深浅的小窝，第七步是在每一个小窝里放置一颗棉籽，第八步是用一层湿润的细土均匀地把棉籽覆盖好，第九步是搭建塑料棚保温，第十步是在适宜的时间洒水或者通风。

育好种后，等到小麦收割后（在皖北大约为农历四月中旬或下旬）就可以移植到地里了。在移植的过程中，要注意这么几件事情：一是不要折断小棉花苗，因为小棉花苗很嫩；二是不要弄碎那5厘米见方的小泥块，以免把小棉花苗的根部暴露出来，因为小棉花苗此时的生命还比较脆弱，容易死亡；三是要浇大量的水，以保证为小棉花苗创造一个适宜成活的环境。

移植好后，就要好好维护以保证小棉花苗能够成活。要保证小棉花苗成活，必须做到两点：一是保证土壤湿度较大，否则小棉花苗极容易枯死，因为当时的温度还比较高；二是要密切预防一些地下害虫吞食小棉花苗的根部，特别是一种胖乎乎的地下害虫，特别喜欢吃小棉花苗的根部，这种害虫一旦发现，要及时捕捉，否则后患无穷。

小棉花苗成活后，就要为它们的生长发育创造良好的环境。一是要注意防旱，及时浇水，因为棉花不耐旱；二是要及时施肥，以保证棉花生长发育的物质基础；三是要注意预防棉花叶片上的害虫，特别是一种叫作"红蜘蛛"的害虫，传染极快，一经发现必须用合适的农药连续喷洒，以保证彻底把红蜘蛛等害虫除去。

棉花苗长大后，将面临生长枝杈及结出棉花桃两个问题。枝杈的生长不仅会抢夺主枝的营养成分，还会抑制棉花桃的生长，必须及时去除，棉农一般隔一天就要去除一次枝杈，因为枝杈的生长能力过强。当开出花骨朵并结出棉花桃后，收获的希望就在眼前，但此时也是害虫最难去除的时候，因为害虫一般是生长在花骨朵里或者棉花桃里面，农药不易进入内部，棉农必须反复喷洒农药，而且还要变换用药，以免害虫产生抗药性。

前期基础工作做好后，就可以收获了。棉花桃并不是一次性成熟，而是分批成熟，当第一批棉花桃成熟的时候，棉农就要一个一个地摘下来，然后一个一个地把棉花取出来，这种活动一般要持续到农历九月中旬，此时在皖北，露水比较大，棉农采摘一次棉花，浑身都会弄得湿漉漉的，很不舒服。

……

棉花，我认为是比较难以种植的农作物。我之所以对种庄稼这么熟

二、带好差班的前提：良好的心态很重要

悉，倒不是因为我多次经历过这种农活，而是因为我发现这和教育非常相似。下面来谈谈我对此的认识。

首先，种植棉花的过程异常复杂，需要很多铺垫；教育的过程也非常复杂，也需要很多铺垫。比如说，光育种就有十步，而且其中的预备性工作很多，这就像我们找学生聊天，先要大致了解一下学生的家庭情况、学习情况、性格特征、兴趣爱好等方面的信息，另外还要对聊天场所、聊天方式、聊天话题、聊天目的等有一个初步预设。只要其中的任何一点做得不好，都将影响后来的"收成"。另外，不管是天气，还是病虫害，都是处于变化当中的，而教育的对象和教育的情境也一直处于变化之中，这更决定了教育的复杂性。教育工作不是人人都可以做好的，教育工作的开展需要责任、爱心、智慧、经验等保驾护航，不可能轻易取得成功。

其次，种植棉花从育苗到最后将所有棉花采摘完，至少需要六个月的时间，持续时间比较长；教育效果的产生同样也需要很长时间。小时候，我曾有一个"梦想"：要是今天种的庄稼，明天就可以收获，那该多好啊！但这纯粹是幻想，因为它完全违背了农作物生长发育的规律。对教育来说，教育效果的产生也要符合教育规律，其特点就是"慢"，我们不能奢望通过一次谈话就把差生成功转化，也不能奢望通过一次班会课就让原本不爱学习的学生旧貌换新颜。教育效果的产生，需要等待，需要铺垫，这注定了教育效果的产生是缓慢的。

最后，在预防红蜘蛛等害虫时，必须在发现第一个被毁害的叶片时就立刻喷洒特效农药，棉农必须抓住这个时机，否则只需一天的工夫红蜘蛛等害虫就能布满整块田了；某一种教育行动的实施，同样需要契机，同样需要配以"特效药"，否则教育行动就是低效甚至无效的。

教育活动是复杂而且需要一系列铺垫的，教育活动需要恰到好处的

契机和方法，教育活动效果的产生是缓慢的。即便我们做好了所有的铺垫工作，也在最恰到好处的时候实施了最恰到好处的教育方法，同时也心平气和地等待，我们也只能期望这些教育活动产生一定的效果，而不能幻想着我们的教育活动应该达到怎样怎样的目的（比如把所有差生都变成"好学生"），就像我们目前不能幻想棉花亩产能上千斤一样，种植技术不是万能的，教育也不是万能的。

4．认识环境：换个角度看问题

> 如果我们换个角度来看待这个问题，那么也可能会从百害中看出一利来。比如，备受世人诟病的高考制度，最起码是为数不多的改变底层社会青年命运的相对公平的途径。

对于我们班主任来说，我们所生活的环境，主要包括三种：社会环境、家庭环境和学校环境。这三种环境几乎包含我们生活的全部，我们对这三种环境的体味，也影响着我们的心态——好的环境容易让人感到轻松、愉悦、积极、幸福；差的环境容易让人压抑、烦闷、消极、悲哀。事实上，各种客观存在的环境很难达到人类主观上的要求，也就是说，环境很难尽如人意，我们总是可以找出很多不好来。面对不尽如人意的环境，我们不妨换个角度来看问题。

比如，现在的高考制度备受世人诟病，我们高中班主任也时常受高考制度掣肘，不得不把大量的时间和精力花费在引导学生识记知识点和做大量重复性练习上，以便学生能考出一个高分数。其实，我们每一个

二、带好差班的前提：良好的心态很重要

人都明白，相对于高分数来说，兴趣爱好的培养和学习能力的提高对一个人的发展更加重要，除此之外，备战高考所花费的时间和精力使德育、运动、阅读、探究等活动的数量大大减少，这严重阻碍了学生的全面发展。而我们这些差班班主任会更加痛苦，因为学生厌学情绪严重、知识基础薄弱，一方面我们很难引导他们热爱学习，另一方面我们很难提高他们的成绩，在差生面前，所谓引导他们学习，实际上是吃力而不讨好的事情……

然而，如果我们换个角度来看待高考问题，我们的心情可能就不会那么沉重了。当前，底层人民改变命运的道路是越来越少、越来越窄，在为数不多的狭窄道路中，求学这条路还是底层社会青年的不错选择，因为在很多情况下，所谓"人才"，要先有"学历"，或者说"学历"是迈出第一步的敲门砖，底层社会青年通过求学这条路，不仅可以接受教育，同时还可以通过高考这一途径来获得学历，从而为改变命运打下坚实的基础。几乎每一个差班都拥有底层社会学子，他们需要高考这么一条相对来说还比较公平的发展道路，我们在差班所进行的引导学习的艰难行动，就算是我们对底层人民所做的贡献。这样想，或许我们就不会觉得那么痛苦了。

比如，班主任工作几乎要占用我们很多时间，以我为例，我早上6:00起床带领学生晨跑，到晚上10:20查完寝室回去，这中间的时间几乎全部要待在办公室或教室（我们是寄宿制学校），当我早上离开家的时候，妻子女儿还没有起床呢，而当我晚上回去的时候，妻子女儿已经睡着了。有时，我就感到非常自责，在妻子正值喜欢浪漫的年龄，我甚至都不能好好地陪她逛一次街；在女儿成长的关键时期，我竟然很少有时间去尽到一个父亲的责任。我担心她们因此而埋怨我，这让我惶恐不安。另外，

班级琐事甚多，我有时也会因此而觉得烦闷，此时我多么想和妻子聊聊天，多么想陪女儿玩耍一会儿，这样我的烦闷会立刻烟消云散……总之，我需要一个理解、宽容和充满爱意的家庭环境。

在这种条件下，当我们对一个理解、宽容和充满爱意的家庭充满向往之时，我们必然会更加珍惜在家里的点滴时间，并且更加关爱妻子和孩子，此时我们还会把好脾气留在外边而把坏脾气留在家里吗？此时我们还会因为一丁点事情而动不动就和妻子拌嘴吗？此时我们还会因为孩子的一些调皮行为而生气吗？不会，这些都不再会轻易地发生，因为我们已经懂得更加珍惜的道理了。

比如，我所在的普通民办学校，几乎对那些屡屡犯错的差生毫无办法（第一章第二节对此问题有所叙述）。也就是说，差生对学校制度及社会道德均缺乏必要的敬畏之情，学校制度及社会道德在差生面前形同虚设，根本就起不到应有的震慑和约束作用，这无疑会增加班级管理的难度，对差班来说更是如此——差生屡屡犯错之后，班主任只能靠做思想工作这一条路来进行内部引导，此时若无有效的外部惩戒措施，那就必定会使教育效果大打折扣，相反，有时甚至会使屡屡犯错的差生变得更加嚣张，如此这般下去，班级必将混乱起来。另外，失去学校制度的有效支持，班级管理的重担几乎全部落在班主任身上，这会使班主任的处境相当尴尬——因为我们遇到事情只能靠自己，而依靠学校支持着实成了奢望。在这种情况下，担任差班的班主任，是一件令人痛苦的事情，所以至今我所在学校的差班班主任，都闹着要辞去班主任，因为"担任差班班主任会要命的"（我校差班班主任语录）。

然而，如果我们换个角度来看待这个问题，那么也可能会从百害中看出一利来。当然，对这个问题的讨论是建立我们真正热爱教育工作的

二、带好差班的前提：良好的心态很重要

基础上。李镇西老师当年曾主动申请担任差班的班主任，这是为什么？因为差班的问题多，能引发我们更多的思考，而且还可以给我们提供更多的实践平台。同样的道理，当学校的制度对学生失去震慑和约束作用的时候，当学生因此而变得更加嚣张的时候，我们如何依靠一己之力把班级带好呢？这不能不说是一笔重要的教育财富，它能在无形中拓宽我们的教育视野，使我们站在更高的层次来全面地看待教育问题。

换个角度看待问题，我们就会拥有一种"柳暗花明又一村"的美好感觉。尤其是在担任差班班主任的时候，我们更应该换个角度来看待问题，这样才能以乐观、轻松的心态来迎接每一个崭新的日子。

5．认识犯错：不是针对我们

> 事实上，我们也曾经是学生，当初我们在犯错的时候，有多少是故意针对老师的啊？我们不能仅凭主观臆测，就牢牢认定那个最坏的原因。

我们先来回顾几个可能经常遇到的情景：

张三在课堂上睡着了，我走过去轻轻地提醒他，没想到我还没走到讲台，他又趴在那里了。他明显是不给我面子！

李四的作业没有及时交上来，我找他谈话后，我们约定下午放学前他补交上来，但是都到第二天早上了，他还是没有把作业交给我。他明显是没把我放在眼里！

王五今天未参加晨跑，我找他谈话后，他说以后不会了，第二天他倒是参加晨跑了，但是第三天他又缺席了。他明显是在哄骗我！

学生放假前我再次强调了平时经常提到的规定："下周开学时，凡是不能及时返校的，一定要提前让家长打电话和我联系，我的手机号是158********（黑板上板书），没有记录我手机号的同学，赶快记一下，一定要注意这件事啊！"结果，下一周开学时赵六未能及时返校，他的家长也没有提前和我电话联系。赵六明显是把我的话当成了耳边风。

对于钱七这个学生，我在他身上花费了大量心血——我三天两头找他谈心，经常在课堂上特别关爱他，他犯错时我也是尽力来理解他、宽容他、帮助他，但是他倒好，见到我的时候，竟然连个招呼都不打。他明显是不把我放在心上啊！

……

以上这些情景，可能每一个差班的班主任都遇到过，而且还可能经常会遇到。那么，我们在遇到这些情景的时候，那一瞬间的想法是什么呢？我们当时那一瞬间的想法和上面的描述一样吗？

我相信，很多班主任在那一瞬间的想法都和上面的描述类似，不过更重要的是，在接下来的一段时间内，我们在那一瞬间的想法是淡化了还是强化了？无疑，如果那一瞬间的想法在接下来的一段时间内强化了的话，那么这种状况对于我们来说并不是一件好事，因为我们的一种思想可能需要转变。

上述情景中老师们的想法都有一个共同的特征，即把学生和老师对立起来了。这是一种可怕的思想，很多师生之间的冲突就是因此而爆发的。事实上，这也是一种不切实际的错误思想，因为它是把多元化问题看成一元化问题的产物。什么是把"多元化问题看成一元化问题"呢？我们还用上述情景来解释这个问题。

二、带好差班的前提：良好的心态很重要

张三在课堂上睡着了，我走过去轻轻地提醒他，没想到我还没走到讲台，他又趴在那里了。张三为什么又趴在那里了呢？原因可能有多种：张三感冒了，所以精神不振容易犯困；张三今天遇到什么事情了，所以心情很糟糕，显得很低迷；我这两天不小心伤了张三的自尊，所以他才故意不听我的课……有这么多种原因，为什么非要单单想着他明显是不给老师面子呢？！

李四的作业没有及时交上来，我找他谈话后，我们约定下午放学前他补交上来，但是都到第二天早上了，他还是没有把作业交给我。到了第二天早上，李四为什么还没有把作业交给我呢？原因可能有多种：李四当天下午上的课，让他没有足够时间补做我这一科的作业；下午放学后，他急着回家，把交作业的事情忘在脑后了；他已经想起来要交作业了，但是怕我因为迟交而批评他……有这么多种原因，为什么偏偏要说他是没把老师放在眼里？！

王五今天未参加晨跑，我找他谈话后，他说以后不会了，第二天他倒是参加晨跑了，但是第三天他又缺席了。王五为什么第三天又缺席晨跑了？原因可能有多种：王五睡觉睡得太沉了，没起来；王五突然觉得肚子疼，当时急着要去上厕所；王五昨天晚上上楼时把脚崴了，脚现在还肿着呢……有这么多种原因，为什么偏偏要说他是在哄骗老师？！

学生放假前我再次强调了平时经常提到的规定：下周开学时，凡是不能及时返校的，一定要提前让家长打电话联系。结果，下一周开学时赵六未能及时返校，他的家长也没有提前和我电话联系。赵六的家长为什么没有和我电话联系呢？原因可能有多种：赵六的确是忘了，忘记让家长给老师打电话了；赵六没忘记让家长打电话给老师，但是赵六的家长倒是把这件事给忘了；赵六家有什么急事，因此大家都把给老师打电

话这件事忘了……有这么多种原因，为什么偏偏要说赵六是把老师的话当成了耳边风？！

对于钱七这个学生，我在他身上花费了大量心血；但是他倒好，见到我的时候，竟然连个招呼都不打。钱七为什么不和老师打招呼？原因可能有多种：钱七走得匆忙，的确没看到我；钱七可能已经向我微笑一下了，但是当时我没有看到；钱七有点内向，不好意思和我打招呼……有这么多种原因，为什么偏偏要说他明显是不把老师放在心上呢？！

……

我之所以要罗列这么多种原因，并不是为了否认那种最糟糕的原因，而是想说事情的背后可能有很多种原因，我们在对人和事定性之前，一定要先通过调查来确定真正的原因，而不是完全根据我们的主观臆测来判断。事实上，我们也曾经是学生，当初我们在犯错的时候，又有多少是故意针对老师的啊？不能说没有，但绝对很少。我们实在不应该把多元化问题简单地一元化，而且是死死地抓着那个最坏的一元不放。这种把学生推到老师的对立面的一元思维既不明智，也不理智。

在带差班的过程中，我们会经常遇到上述情景中的学生行为，对此，我们一定要摒弃那种把学生推到老师对立面的一元思维方式，否则我们将天天变得气急败坏。

二、带好差班的前提：良好的心态很重要 45

心态平衡，生活便有阳光

什么是心态？

心理学上是这样定义的：心态主要是指动能心素、复合心素所包括的各种心理品质的修养和能力。这句话说得很晦涩，其实，所谓心态，就是指个体对事物发展的反应和理解以及由此而表现出的思想观念。世间万事万物，都可用两种心态去看待，一个是正面的、积极的、乐观的；另一个是负面的、消极的、悲观的。到底该怎么理解和判断，这就是心态，它完全取决于个体的心理特征。有什么样的心态，就决定了个体对事情会采取什么样的态度。

心态对个体有什么影响呢？

马斯洛曾说："心态若改变，态度跟着改变；态度改变，习惯跟着改变；习惯改变，性格跟着改变；性格改变，人生就跟着改变。"美国成功学学者拿破仑·希尔也曾说过："人与人之间只有很小的差异，但是这种很小的差异却造成了巨大的差异！很小的差异就是所具备的心态是积极的还是消极的，巨大的差异就是成功和失败。"由此可见，心态的调整对个体的生存和发展至关重要，从这个角度来说，态度决定一切。

如何调整心态呢？

美国石油大王洛克菲勒曾在信中告诫自己的儿子："如果你视工作为一种乐趣，人生就是天堂；如果你视工作为一种义务，人生就是地狱！"西门子公司有这样一句格言："请愉快地工作，哪怕是假装的。"调整心态的秘诀正在于：虽然身在黑夜之中，却能感知到黎明的曙光。在面对一件事情时，我们既要正视现实，同时也要怀揣阳光，也就是说，在接受既成事实的基础上，把事情往好的方面思考，或者从细微处发现好的一面，并看到新的希望。

在带差班的过程中，我们不可避免地要遇到更多的琐事，有些琐事让我们感到烦闷、无奈，有些琐事甚至损害我们的尊严，或者危害我们的安全。对此，只要身在这个职位上，我们就必须在内心把什么问题都"想开一点"，正如威廉·詹姆斯所说："人只有改变内在的心态，才能改变外在的世界。"此时，我们可以做一名阿Q那样的唯心主义者，把我们的心态摆正，让心中充满阳光，这样我们的生活便随处可见阳光。

三、带好差班的关键：关系大于一切

 **故事导读**

"刺猬法则"

两只困倦的刺猬，由于寒冷而想拥在一起。可因为各自身上都长着刺，于是它们离开了一段距离，但又冷得受不了，于是又凑到一起。几经折腾，两只刺猬终于找到一个合适的距离：既能互相获得对方的温暖而又不至于被扎。这就是"刺猬法则"。

作为差班的班主任，我们在与学生交往时，一方面要与学生保持亲密关系，另一方面又要保持一定的距离以免丧失原则。此时，我们是否也要遵循"刺猬法则"呢？

1. 珍惜缘分：有缘千里来相会

> 即使多数学生都不相信"缘分说"，他们也不至于因此而厌烦我们吧。事实上，很多时候，我们对班主任工作感觉不够顺畅，就是因为我们对一些细节的工作重视不够，自身既不相信一些美好的思想，又不去践行这些美好的思想，以致最后觉得什么都不值得去做。

在中国传统文化中，"缘分"虽然是一个比较抽象的概念，但却被很多人信奉，我本人就是一个信奉"缘分说"的人。在人际交往中，人与人的相遇、相识、相交仿佛就是命中注定的，就是一种必然的结果。比如，我出生在安徽，而大学毕业后却辗转近3000里路来到温州教书，结识了很多温州的学生，你说这不是缘分是什么？全国各地像温州这样发达的城市很多，而我偏偏来到了温州，偏偏应聘到温州的这所学校，偏偏教了这个年级，偏偏当了那几十位学生的班主任，你说我和这些学生之间是不是有一根无形的线在连接着？这种事情你越往深处想，就越觉得奇妙，非"缘分说"就无法解释。这种奇妙的感觉，不是单单用"迷信说"就可以否定的。

张爱玲曾对缘分有过极妙的解释："在千百万人中，千百万年间，不早不晚，正好碰上了，然后轻轻地说一句：嗨，你也在这儿！"事实上，从古至今，不管是在文学作品中，还是在日常生活中，"缘分"一词总是被人们挂在嘴边，由此看来，"缘分说"在中国人心目中占有非常重要的

三、带好差班的关键：关系大于一切 49

地位，对学生来说也是如此。我们如果能够很好地把握我们和学生之间的缘分，那么就很容易和学生建立起一种亲密的关系。

有的老师可能说，那些差生什么都不在乎，还会在乎虚无缥缈的师生缘分吗？对此，我的回答是肯定的。从我有限的教育经历来看，什么类型的学生对老师最有感情？就是那些问题比较多的差生，他们往往更讲"义气"。

为什么呢？

对多数优等生来说，老师对他们的欣赏、喜爱和帮助，他们认为那是老师应该做的，因为他们很优秀，很讨人喜欢，而他们所取得的成绩是他们自己努力的结果，换成其他老师教他们，他们同样可以获得这么优异的成绩。其实，这也怪不得这些优等生不懂情理，因为他们自小就不缺乏欣赏、喜爱和帮助，后来的老师对他们的好，和以前的老师对他们的好差不多，没有新的花样，也没有新意，自然难以触动一直生活在"赞歌"中的他们了。

对于多数差生来说，老师对他们的欣赏、喜爱和帮助，他们往往会视为老师的特别照顾，因为他们问题多，很讨人厌，而他们今天之所以变得那么差，就是因为几乎没有得到过老师的欣赏、喜爱和帮助。如果能突然遇到一位真正对他们好的老师，他们会认为那是上天的恩赐。此时我们老师所做的工作多是雪中送炭的工作，无疑雪中送炭要比锦上添花更能震撼人的心灵，更能让人觉得温馨和温暖。

同样的道理，我们和优等生谈缘分，他们可能会觉得我们是在高攀他们；而我们和差生谈缘分，他们可能会觉得我们很看得起他们。正是出于这样的思考，每当接手一个新的班级，尤其是接手一个新的差班时，我总会花费大量精力和学生反反复复大谈特谈"缘分"。这种行动，一般在开学初就开始着手进行。下面就是一篇我过去在学生面前发表的有关缘分的演说。

有一句话叫"有缘千里来相会，无缘对面不相识"。同学们，你们相信缘分吗？

我告诉大家，我非常相信人与人之间的缘分。我们现在就可以来看一看我们之间的缘分有多大啊。今年瑞安市初中生毕业人数达到一万一千多，其中就读普高的有六千多，大家选择普高的机会是1/2；选择普高的学生差不多都分布在市一中、二中、三中、四中、五中、八中、龙翔、云江、实验、瑞阳和安阳，大家在报考高中时，普高这一批应该不只报考我们学校吧？但是，大家就偏偏被我们学校录取了，大家选择来到我们学校的机会是1/11。而我们学校今年招了八百多名新生，这八百多名新生被分成了15个班级，而大家偏偏被分在了高一(5)班，大家被分到高一(5)班的机会是1/15。学校为高一年级选聘了15位班主任，而我偏偏抽到了高一(5)班，我抽到高一(5)班的机会也是1/15。大家初中时都学习过如何计算概率，那么现在就请大家计算一下我们成为师生的概率是多少？1/2乘以1/11乘以1/15乘以1/15，等于1/4500，同学们，我们成为师生的概率是多么小啊！而正是因为概率非常小，才更能显出我们之间的缘分是多么难得啊！

事实上，对于我本人来说，我更感觉我们之间的缘分难得。为什么这么说呢？我的老家在安徽，大学毕业后在不经意间就来到了温州工作，而且还应聘到我们学校，我的老家离这里可有近3000里路啊！之前，我从来没有想到过我这辈子会拥有温州籍的学生。对于大家来说，之前可能也从来没想到会遇到一位安徽籍的班主任吧？冥冥之中我们之间有一条无形的线在连接着，命运就让我们成了师生。"百年修得同船渡，千

三、带好差班的关键：关系大于一切

年修得共枕眠。"我们能成为将要朝夕相处的师生，最起码也是几百年的缘分啊。

因为我相信我们之间难得的缘分，所以我觉得要特别珍惜我们之间的缘分。在以后的岁月中，"珍惜我们彼此之间的缘分"将成为我和你们相处的一个指导思想，正是因为骨子里这么想，所以我会无微不至地关心你们，设身处地地理解你们，像兄长一样宽容你们，像朋友一样批评你们……我说到做到，也请大家好好地监督我，如果我以后的言行有违这个指导思想，也请大家坦白地告诉我，我会无条件地接受你们的提醒和批评。在这里，我也希望大家能够珍惜我们师生之间的缘分，争取让"珍惜彼此之间的缘分"成为我们班级的一种无形的文化！

到目前为止，我总共接手过三个比较差的班级，不管带班的时间长短，学生总会在有意无意间提到师生之间的缘分，不少学生都在作文或周记中以"缘分"为话题写过文章。我认为，这和我"轰轰烈烈"地宣传师生缘分有着莫大的关系。

有的班主任可能会说，珍惜缘分的思想很落伍了，现在的"90后"、"00后"对缘分一点感觉都没有，班主任在他们面前大谈特谈缘分，是会被他们笑话的。不可否认，现在有极少数学生的确非常冷漠，他们对老师的关爱熟视无睹，甚至常常以敌意来怀疑老师的善良言行，但他们毕竟是少数。生长在中国的这些学生，他们骨子里是受传统文化影响的，在他们的内心深处，有"缘分"的种子。只要我们善加引导，这种子会慢慢发芽并逐渐成长，甚至有可能长成参天大树，我们的教育需要这种唤醒。即使多数学生都不相信"缘分说"，他们也不至于因此而厌烦我们吧。事实上，很多时候，我们对班主任工作感觉不够顺畅，就是因

为我们对一些细节的工作重视不够,自身既不相信一些美好的思想,又不去践行这些美好的思想,以致最后觉得什么都不值得去做。面对差班,就算我们每一次的行动只能换来一个学生的认可,那也是必要的,因为我们又团结了一部分力量,这总不会对我们有害吧?!另外,从美好的教育期望来看,如果人人都能珍惜彼此之间的缘分,那么还会有那么多冷漠甚至是冷血的事情发生吗?珍惜彼此之间的缘分,人与人之间才能更和谐、更友爱地相处。让学生珍惜各种缘分,这总不会对学生有害吧?!

2. 魅力释放:我平凡,但不平庸

> 如果我们总是说自己很平凡,而在与学生的交往过程中也没有展现出任何的"才艺",那么就极有可能让学生认为我们是平庸之辈,我们要有一种能够"镇得住"学生的绝活。

现在,世界上的人口已经超过了七十亿,而我们每一个人只不过是七十亿分之一罢了,从这个角度来说,人可能是最常见、最普通的动物了,这种生态状况意味着人的平凡属性。另外,常言道"少了谁,地球也照样转",也就是说,即便是伟人,在自然面前,也是微不足道的,或者说,某些人所做的工作在一定程度上完全可以被另外一些人代替,每一个人的影响力并不是独一无二的,也不是无人代替的,这从本质上决定了人的平凡属性。

有一些问题学生,整天一副天不怕地不怕的样子,在他们的潜意识里,有一种"即便我目无法纪我行我素,你又能奈我何"的可怕思想。

三、带好差班的关键：关系大于一切

遭遇这种思想，如果我们单从表面上进行"针尖对麦芒"式的简单对抗，那么只会让这些问题学生越战越勇，因为正如他们所说，如果单从教育的角度来说，而撇开非法暴力、恶意惩罚等非教育言行，我们是奈何不了他们的。其实，这些问题学生之所以越战越勇，就是因为其错误的思想认识：在师生面前，我很牛，即便是冒险也要装成很牛的样子；我的问题很有"个性"，老师不可能理解，也不可能提供有效的帮助！问题学生的这种主观上过度将自己特殊化的思想，正是真正的问题根源。因此，在接手一个差班时，我们一方面要强调自己的平凡，以免让问题学生产生"这个班主任值得一斗"的思想；另一方面要引导问题学生认识到自己的平凡，以便让他们认识到他们的所作所为自从有学生的那一天起就开始发生了，他们的所作所为并无特殊性。这种战略有助于淡化问题学生的对抗与抵触的心理意识。我在带差班时，就经常给学生说下面这些话。

据说，全国的班主任有四百多万，我就是他们中间的普普通通的一分子，这个班级我可以带，其他班主任同样可以带，当班主任只不过是教师工作中的一部分罢了，我不会把我所有或者大部分时间用在班级管理上，因为我是一个平凡的人，我有家庭，我有父母，我有妻子，我有孩子，我必须把我的大部分时间花在经营一个温馨的家庭上，花在陪伴父母、妻子和孩子上。而我们班的学生，和隔壁班的学生差不多，和以前的学生也差不多，你们所犯的大多数错误，在很早很早以前就发生过了，你们所犯的错误并无新意，对于当了几年班主任的我来说，更是对这些错误见怪不怪，正因为如此，如果你们犯错了，我不会挖空心思地去调查你们所作所为的动机，更不会想方设法地去寻求良方来整治你们，因为我觉得那么做一点意思也没有。当然，由于职责所在，倘若你们真的犯错了，我会心平气和地按照规矩办事。

实践证明，这种做法是比较成功的，在笔者所经历的三个差班中，几乎还没有一个学生热情高涨地故意和我对着干，因为他们知道我不屑于、不在意这些，他们做起来也就觉得没有意思。而在另外一些差班，班主任时时刻刻像警察一样紧盯着学生以求抓住他们的错误（或把柄），那些问题学生也天天兴趣盎然地在暗地里搞鬼——班主任越着急越气愤，学生就越高兴越起劲。实际上，从心理学的角度来看，之所以出现这种糟糕的情况，是因为班主任无数次的暗示在不经意间强化了学生的错误思想及言行，即"班主任觉得自己牛，认为自己可以整治好问题学生；问题学生就觉得自己有必要更牛，因为只有这样班主任才治不了他"。这种情景一旦出现，最终受伤的是班主任，受害的是学生。

在反复宣讲"班主任平凡，学生也平凡"的思想后，我们有必要适时显示一下自己"不平凡"的地方，以便让学生感觉到：班主任很平凡，但是并不平庸。如果我们总是说自己很平凡，而在与学生的交往过程中也不能展现出任何"才艺"，那么就极有可能让学生认为我们是平庸之辈，我们要有一种能够"镇得住"学生的绝活——从这个角度来说，我既不支持人人都争着抢着去带差班的想法，也不赞成学校随便安排一个老师去带差班的做法。为什么这么说呢？因为作为差班的班主任，必须具有一种领袖气质，必须具有一种强大的"场"，面对这种领袖气质，身处这种强大的场中间，学生的敬佩之情才会油然而生。只有学生敬佩我们了，我们才可能顺顺利利地成为学生健康成长的引导者，学生才会心甘情愿地被我们引导，就像有一个让我们敬佩的校长领导我们一样。当然，这种领袖气质的培养和强大的场的建立，并不意味着我们必须是全才（要是全才的话，那就更好了），我们只要有能够拿得出手的绝活就可以了，当然这样的绝活越多越好。

三、带好差班的关键：关系大于一切

对我来说，我认为我有两种绝活——一是教学大受学生欢迎，二是我能写些文章。

虽然教龄还不到5年，但是我的教学水平能够得到绝大多数学生的充分认可，一方面，我所带的班级每一次考试成绩总是排在前几名，最近一年我所带的四个班级的成绩更是一直排在第一名至第四名，而且平均分有时会比同类班级的高出十几分，虽然这里有班级差异的因素，但是学生不管这么多，因为分班时各科成绩几乎都是一样的，你带的班级考得好，那就说明你有水平；另一方面，我的课堂形象被学生描述为"大耳朵图图"和"天线宝宝"，学生送给我的关键词有四个：可爱、幽默、激情、透彻。也就是说，大多数学生都挺喜欢上我的课，有一些学生我没有教他们，他们甚至跑到校长室去"反映问题"，说学校不够重视他们。

我是一个文学青年，虽然到现在我还没有出版过任何一本文学著作，甚至连一篇像样的文学作品都没有发表过，但是我一直笔耕不辍，时不时会舞文弄墨，写点诗歌、杂文之类的东西。因为喜欢写，我把对教育的思考和实践转化成文字，不仅发表了几十篇文章，而且还出版了几本教育教学专著，这些"先进事迹"经学校一宣传，立刻就被学生传开了。正是因为这个，很多学生都说我是"才子"，我班的学生更是为此而骄傲，说什么我们班级发生的事情将来会被写进书里！那个高兴劲儿，甭提让别班的学生多羡慕了。

另外，有时无意中的机会，也会让我大放异彩。比如，一次英语早读课，我们班的英语老师请假了，当时没有老师领读，学生就有点懒散，我见此情景，拿起英语课本就有模有样地领读起来（大学时我的英语成绩尚可），没想到这事当天就被学生传开了，说什么化学老师竟然能教

英语。意外收获啊!

我身边的一些优秀的班主任,也拥有不少绝活,比如,有个班主任篮球打得特别棒,每天下午课间大休息的时候,我们总能看到他带领着他们班男生在篮球场上驰骋的身影,而他们班级的凝聚力也非常强;有个班主任,特别善于和学生处关系,学生对他异常信服,对他几乎无话不说;有个班主任,字写得特别好,而且楷书、隶属、草书、篆书等信手拈来,常常能让学生惊叹无比……

对于学生来说,一个有理想、有爱好、有能力的班主任,虽然很平凡,但绝不平庸,无疑这样的班主任在学生心目中是更有魅力的。

3. 生命重合:你会忘了我?我不信

> 人从童年到青年的美好时光,几乎都是在学校和老师、同学一起度过的,我们每一个人的生命历程都和学校、老师、同学有着无论如何也割舍不了的关系以及无论如何都忘却不了的情感。

撇开幼儿园,单从读小学时算起,一个人就算到最后只读个初中毕业,那么也有近9年的岁月是在学校和老师、同学一起度过的;倘若读了高中、大学,那么就会多出6～7年;如果再读个什么硕士、博士的,那么又要多出5～6年……也就是说,人从童年到青年的美好时光,几乎都是在学校和老师、同学一起度过的,我们每一个人的生命历程都和学校、老师、同学有着无论如何也割舍不了的关系以及无论如何都忘却不了的情感。

对于很多差生来说，一提到老师，特别是一提到班主任，他们往往都会恨得咬牙切齿的，他们的这种心情可以理解，因为在以往的岁月中，他们可能无数次被班主任批评过、惩罚过，对于他们来说，这样的被嫌弃、被厌恶的学校生活经历，充满了尊严的被践踏和情感的被冷落，既是很不光彩的，也是很无奈的。相对于一些好生来说，这样的学校生活往往更令他们记忆深刻，而相应的班主任或老师的一些言行更令他们感到刻骨铭心。如果他们有幸遇到一位让他们敬重的老师或班主任，那么他们会小心翼翼地把这些美好的时刻珍藏在内心深处，因为那是他们求学生涯中为数不多的或者仅有的幸福时光。不幸，让他们刻骨铭心；幸福，同样让他们无法忘却。一个人的生命，就这样不得不与班主任、老师的生命重合在一起，不管时光如何流逝，不管他的记忆如何衰退，那些幸福或不幸的学校时光将伴随他的一生。

每当接手一个差班时，我总会在合适的时间把我的这些想法公开告诉学生，下面是我的一份演讲稿。

同学们，我们现在已经读高中了，你现在还能回忆起你们读小学和初中时的班主任吗？

初中生活刚刚结束，你们肯定可以清晰地回忆起初中班主任的一言一行来；虽然小学生活已经过去几年了，但我相信大家一定也可以回忆起小学班主任的。虽然我现在大学都毕业几年了，但我依然可以回忆起从小学以来的所有班主任。比如，小学时我遇到了四位班主任，他们分别是：和蔼可亲、幽默风趣的赵兴友老师，年轻漂亮、温柔文静的乔雪梅老师，高大强壮、异常严格的黄金塔老师，步履轻快、聪明无比的邹启军老师；初中时我遇到了两位班主任，他们分别是：疾恶如仇、雷厉风行的邵峰老师，既教数学又教政治、历史的邵明春老师；高中时，我遇到的唯一的班主任是谈吐优雅、诙谐幽默的戴跃老师；大学时，我的辅导员（即我的班主任）是心胸宽广、积极进取的晏金灿老师。现在，就请大家来回忆一下自己以往的班主任吧。

在我们的求学历程中，我们可能会遇到很多班主任，我不知道大家在回忆以往的班主任时内心的感受是怎样的。

我在回忆每一位班主任时，都会带着特定的情感去品味过去的时光。比如，在回忆小学时的乔雪梅老师时，我总会感到特别温暖，因为她曾经手把手地教我写池塘的"池"字，让我第一次真切地体验到被特别关爱的美好感觉；而当回忆起我大学时的晏金灿老师时，我总会感到特别愧疚，因为当初他在推荐我入党时，我竟然在填表时把他的姓写错了，而他却对我那么友善、宽容。不管是回忆起乔雪梅老师，还是回忆起晏金灿老师，我总的感受都是特别幸福，因为他们都真诚地帮助过我、鼓励过我，即便我做了一些错事。

刚才我提到，我在回忆起我的班主任时，基本上都会感到特别幸福，我想大家在回忆起自己的班主任时，可能也会感到很幸福。当然，也可能有一些同学，在回忆起自己的班主任时，可能会感到特别不幸，而且可能会详尽地描述出班主任的很多不友善的言行来。事实上，以我现在的观点来看，不管是幸福也好，不幸也罢，我们的一段生命真的是和老师们的生命，尤其是和班主任们的生命重合在一起的；当然，那些老师，尤其班主任，他们的一段生命也是和你们的生命重合在一起的。比如，每当提到2008年，我总会想起我带的第一个班级来，想起那一班学生来；每当提到2010年，我总会想起我带的第一届高三班级来，想起那一班学生来。不管是哪一年，我的生命仿佛都是由和学生共同的经历构成的，

三、带好差班的关键：关系大于一切

而且一桩又一桩的往事好像都镌刻在我的内心深处，真是想割舍都割舍不下，想忘掉都忘不掉！

这里，我也想说一句大话，虽然我可能只当你们一年的班主任，甚至是半年的班主任，即便时间如此短暂，我想你们也是忘不了我的。就算是过了十几年，只要你们一遇到某一个小小的适宜的提醒，你们就会想起我来，甚至是你们在读到某一个口头禅时，都会想起我来。我们的生命将和我们的班级，永远活在我们每一个人的心目中。

当然，有的同学想起我，可能会觉得很幸福；而有的同学想起我，可能会觉得很不幸。如果从班主任的角度来说，我真的希望我们之间的相处是幸福的，因为若干年后想起某一个人时还咬牙切齿的，那是多么倒胃口的事情啊！正是出于这样的考虑，每当接手一个班级时，我总会要求自己真诚地和学生相处，坦诚地和学生交流，友爱地关心学生，友善地宽容学生。这是我一直以来行事的原则，也是我的梦想。这里不得不提的一件事情是，我本人是一个性格比较急躁的人，脾气也比较坏，有时可能点火就着，我想这是我的缺点，也是我们交往中的一颗地雷。我真心希望，我们在交往时永远不会踩到这颗地雷。不管遇到什么事情，我都会尽力去控制自己；我也希望大家能从我们的生命重合在一起的高度来考虑问题，而不要轻易地触犯一些合理的规则，或者轻易地去践踏一些美好的公德，只有尽力做到这些，我们之间发生不幸的可能性才会降到最低！只有尽力做到这些，若干年后，当我们回忆起彼此时，我们的嘴角才会产生一丝丝甜蜜的笑意！

我们与学生之间的生命重合，是一个不争的事实。但是，对一些差生来说，他们有时真的是什么也不在乎，他们冷漠的样子，看起来都让

人心痛。在此,希望我们班主任能守住一个底线:做我们认为对的事情,做我们能做的事情,至于其他,则顺其自然。

4. 心心相印:爱你没话说

> 我们对学生的爱,应该以一种最能打动学生的方式给予,这样做倒不是仅仅为了让学生感激我们,而是为了能够让学生真切而深刻地感知到班主任给予学生的最无私的爱。

现在的大多数孩子,缺理想,缺毅力,缺志气,缺信念……他们似乎什么都缺,唯独不缺爱。

在家里,他们时时被爸爸妈妈捧着,天天被爷爷奶奶宠着,即便没有家财万贯,也能过上"衣来伸手,饭来张口"的舒适生活。确切地说,不管是爸爸妈妈的捧着,还是爷爷奶奶的宠着,都是来自亲人的最无私的爱。然而我们如果细细品味爷爷奶奶和爸爸妈妈的爱,就不难品味出这些爱中的浓厚的"物质味道"来。

孩子闹着想吃一些可口的零食,家长就屁颠屁颠地去制作;孩子想穿一些漂亮的衣服,家长就忙不迭地去选买;孩子想买一些新颖的玩具,家长就无条件地去订购……在这里,孩子无休止的"索取"与家长无条件的"给予"全是以物质为纽带的,除了物质的索取与给予,孩子与家长之间似乎再也没有任何联系。于是乎,孩子想要某种物质了,就去找家长;家长为孩子购买了某种物质,就去上班了……无数的物质俨然成了他们之间血缘关系的唯一证明,无疑,这种爱的物质味道非常浓厚。

三、带好差班的关键：关系大于一切 61

然而，倘若家长与孩子之间的爱仅仅局限在物质上，那么这样的家长无疑是失败的，而孩子的培养也可能是失败的。

为什么这样说呢？

这样的镜头我们应该不止一次看到——家长怒气冲冲地对孩子说："我们累死累活拼命地挣钱给你花，你却一点也不为我们争气！"这便是对上述结论的最好证明。

一个人，从婴幼儿成长为青年的过程，既是身体逐渐增高的物质过程，也是心智逐渐成熟的精神过程。不可否认，几乎所有家长都能满足孩子身体逐渐增高的物质需求，但很难满足孩子心智逐渐成熟的精神需求。一方面可能因为很多家长知道孩子成长的物质需求，却压根儿就不知道或者不重视孩子成长的精神需求；另一方面可能因为家长虽然知道孩子成长的精神需求，却不知道如何更好地满足这种需求。不管是哪一种情况，从结果上来看，都是一样的，即有问题的家长，构建了一个有问题的家庭，培养了一个有问题的孩子。正如常言所说，一个有问题的孩子，背后一定有一个有问题的家庭。正是因为这样，无数有问题的家庭，培养出了无数有问题的学生，从而导致各级各类学校里出现了无数的"问题班级"——差班。这是差班形成的源泉。

我们可能都听说过这样的故事：一位老师因为给学生买了一个书包、一个练习本、一个文具盒，甚至一块精美的橡皮，而让学生感动一生的美好故事。我本人在读高中时，就遇到过一位这样帮助我的化学老师。

读高中时，我家的经济条件不好，自然我的穿着打扮也比较朴素，一看就知道是农家子弟。读高一时，为了应付数学、物理、化学等理科的计算以及英语单词的记忆，我几乎每两三天就要用去一块钱的草稿纸（那种由商家经过裁剪和缝制的白纸，记不清当时一块钱能买多少张了），这样两周下来，我花在买草稿纸上的钱差不多就有五块钱，而当时（1999年，在县城）我一天的生活费是三块钱——早晨：一碗稀饭加三个包子（一块钱）；中午：一份米饭加一份菜（一块钱）；晚上：一碗面条（一块钱）。就是在这种情况下，我的化学老师——来自内蒙古的高轶老师，把自己用过的笔记本后面剩余的纸张，不厌其烦地统统整齐剪下，然后热情友善地送给我……据我粗略的估计，按照当时草稿纸的市场价，高老师给我的草稿纸至少要值五块钱！现在可能很少有人能够想象出我是多么感动了（事实上，这里不仅仅有物质的爱）。就是因为高老师的这一举动，我下定决心要把化学学好，也就是在这种意识的支配下，我在高考后填写志愿时，几乎全部填写的都是化学类专业，今天我能成为一名高中化学老师，应该说和高老师有很大关系。

现在，我时常会思考自己当时为什么会那么感动。除了因为高老师是一个好人之外，还因为我当时面临着经济窘境。试想一下，如果我当时家境富裕，对草稿纸，我不仅不缺，而且从来没有为此精打细算过，那么高老师赠送给我那些草稿纸，可能我就不会那么感动了。原因很简单，假如我不缺草稿纸，而高老师给我草稿纸就显得不伦不类了，即使我会感谢他，也应该不会长时间地感激他。这样说，倒不是因为我富有就会变得冷漠无情，而是因为在假设的情景下，高老师的细心、诚心、善心和爱心就不会那么轻易地直抵我内心最柔软的地方。

由此看来，我们对学生的爱，应该以一种最能打动学生的方式给予，这样做倒不仅仅是为了让学生感激我们，而是为了能够让学生真切而深刻地感知到我们给予的最无私的爱，进而让学生愿意接受我们善意的引导，最终让各种美好的种子在学生的内心生根发芽，让学生成为身体和心智均健康的人。

三、带好差班的关键：关系大于一切

带差班这几年来，我认为相对于好生来说，差生更需要精神层面上的爱（当然，也有极少数学生需要物质上的爱），在《放牛班的春天》这部电影里，我认为马修老师正是因为看到了这一点，才能获得最大程度的成功。那么如何才能更好地给予差生精神层面上的爱呢？我认为要注意把握好三个关键的词——体谅、倾听和释疑，而给予的最好方式就是交流沟通。

体谅，主要是用换位思考的方式来让差生感知我们对他们的理解和宽容。一件事情发生后，如果我们不能做到最大程度地体谅差生，那么就不可能让我们的心和他们的心靠近。两颗相距甚远的心之间，是不可能有真诚的话语的，甚至会不愿意和彼此多说一句话。

倾听，主要是用完全接纳的心态来促使差生逐步向我们敞开心扉。那些我行我素天不怕地不怕的差生，他们的言行并不符合通常的人性要求，而这种反常的言行背后必然隐藏着不为人知的困惑、纠结和痛苦。耐心的倾听，既是对差生的尊重，也是对差生的接纳。

释疑，主要是以点拨者的身份来帮助差生寻找适宜的成长途径。每一个人都会经历懵懂无知的少年时代，每一个人都会遇到很多有关成长的困惑。作为班主任，我们无意于成为学生生命中的重要他人，但是我们理应用过来人和教育者的双重智慧，为差生的转变提供难得的教育契机和必要的精神指引。

当然，即便我们能够做到这样，有时也不能保证差生就会慢慢地接受我们的精神之爱，有些差生可能从最初一直到结束，都对我们的精神之爱保持很远的距离，这除了和接触时间的长短、学生的个性差异有关系之外，还需要一个适宜的教育契机。

5．心有灵犀：我曾经也是学生

> 我们可以向学生传递一个信息：我们曾经也是学生，你们所犯的那些错误，以及你们的那些想法，实在没有必要在我们面前遮遮掩掩的，因为那些想法我们曾经也拥有，你们所犯的那些错误，我们也曾经犯过，即使我们没有那样想过或做过，也完全可以理解你们，我们值得你们信任。

生活中有一种非常奇怪的现象：几个老师在一起聚餐或者围坐在一起时，都会天马行空地神侃一番，所侃内容可能多半和教育没有什么关系，而是发散到体育、游戏、彩票、美女，甚至是荤段子；而一旦有学生到来，神侃便会戛然而止。

生活中也有另外一种奇怪的现象：一些上学时也曾打架、吸烟、谈恋爱甚至赌博的人，一旦当了老师，似乎就和这些"坏事"立刻绝缘了，不仅对学生的那些行为相当不齿，甚至还能在讲台上大义凛然地慷慨陈词。

出现这种怪异的现象，不能怪我们老师善于伪装，也不能说我们虚伪，我们是最受压抑的受害者。中国的传统文化和思想对教师进行了浓妆艳抹似的包装，使我们一旦成为教师，就如同加了"教师包装"似的，教师形象特别鲜明，教师味道特别浓郁，以至于很多人一看到我们，就能认出我们是老师来。

我想说的是，在当今社会中，这种虚假的"教师包装"，只会在无形

三、带好差班的关键：关系大于一切

中割裂我们和学生本应亲密的关系，徒增我们教育学生的难度。事实上，我们经常会遇到这样的尴尬：我们越是用教师的口吻来说话，学生就越反感、越抵触。真正成功的美好教育行为，应该是让学生忘掉我们是教师的教育行为。而相反的是，学生越能清晰地感受到我们的教师形象，学生就会越快越远地把我们拒之门外。从心理学的角度来看，作为思想自由和独立的个体的人，不喜欢别人用命令、强制或者不容置疑的言行来对待自己，因为这会让渴望自由的内心遭遇残暴的限制和约束，这是天性使然。

差生的情况更为复杂、糟糕。差生之所以被称之为"差生"，就是因为一些传统文化和社会道德被他们轻视或践踏，他们脑海中离经叛道的思想更多。在差生面前，如果我们老师开口传统文化，闭口社会道德，那么我们这样的说教者和布道者的双重身份会让他们倍加厌恶，倘若我们还毫无察觉地用警察和法官的手段来审判和惩治他们，那么就更容易激起他们的反抗、顶撞。

差生的一个鲜明的特征就是：固执地认为自己做的是对的，不喜欢别人强加评论或干涉；就算是做错了，也不希望别人以过来人或者事后诸葛亮的身份来批评他们。这种荒谬感常常让他们的言行很"另类"。比如，我曾遇到一个总是在课堂上睡觉的差生，有一次他在语文课堂上睡觉而且无视老师的一再提醒，语文老师不得已，就把他交给了我，我问他怎么又睡觉了，谁知他头一仰，气愤地说道："我睡我的觉，这影响到谁了呀？！"这种把自己作为绝对独立和自由的个体存在的错误思想，是我们教育转化差生的最大障碍。

那么，如何才能扫清这些障碍呢？

以过去的经验来看，我认为有必要从以下三个方面着手。

首先，逐步淡化自己的老师形象。前文已经论述过，我们的老师形象越浓厚，我们就越难走近差生，既然老师形象反而起到负面作用，那么我们就不如放开手淡化它们。比如，平常少用甚至是不用命令、强制或者不容置疑的口吻来和学生聊天；平常少用甚至是不用"你们应该怎样"、"你们不应该怎样"的语句来和学生说话；平常多用商量的口气和学生说话或者布置工作，多听听学生的想法，等等。这样做的目的是，让学生看到说教或者布道并不是老师的全部，老师是非常愿意心平气和、平等友爱地和学生交流的。

其次，逐步展现真实客观的自己。老师是人，老师不是神，既然不是神，为什么非要装成神呢？以往生活和工作中做错或者做得不好的事情，只要不牵涉到隐私问题，都可以和学生说一说；以往做对的或者做得很成功的事情，也可以说给学生听一听，即便是想在学生面前显摆一下也无妨，毕竟每一个平凡的人都是有一点虚荣心的。这样做的目的是，让学生认识到即便是老师，做错了事情也会感到难为情，做对了事情也会感到美滋滋的，但是做对了就是做对了，做错了就是做错了，没有必要掩饰，更没有必要因此而胡搅蛮缠。

最后，逐步站在学生的角度考虑问题。很多差生所制造的问题，比如上课睡觉、上课说话、不交作业、打架斗殴、谈情说爱等，都是极为正常的错误，没有什么值得大惊小怪的，当某些学生制造这些问题时，我们实在没有必要在他们面前大发雷霆，我们需要按照学校的要求和规定处理事情，同时按照我们对人生的理解来向学生阐述解决此类问题的策略。这样做的目的是，让学生了解到一个人犯错后就必须为此付出相应的代价，我们老师可以充分地理解，也可以提供力所能及的帮助，而不会故意针对他们。

三、带好差班的关键：关系大于一切

这三个方面如能做到，我们就可以向学生传递一个信息：我们老师曾经也是学生，你们所犯的那些错误，以及你们的那些想法，实在没有必要在我们老师面前遮遮掩掩的，因为那些想法我们老师曾经也拥有，你们所犯的那些错误，我们老师也曾经犯过，即使我们老师没有那样想过或做过，也完全可以理解你们，我们老师值得你们信任。

有一段时间，我们班的学生都热衷于偷偷摸摸地"谈情说爱"，我无意间发现这件事情后，就在班上公开说了下面的话。

我读高一时，我们班有一位叫"艳"的女生，虽然她的名字很普通，甚至有点俗气，但是人非常漂亮、高雅，不瞒你们说，她就是我这辈子喜欢的第一个女孩，喜欢到什么程度呢？每次课间她从门口进出时，我都会悄悄地看她一下；而每当我站起来回答问题时，总会自以为是地认为她在注视着我，我不仅为此会脸红，甚至还会故意装腔作势地表演好一点给她看……我们同班了三年，期间我曾无数次拿起笔来写情书，甚至还为她写过几首诗，但都没有发出去，因为她是一个淳朴的女生啊，正憋着一股劲考大学呢，我怕我那么一搅和把人家毁掉了。现在，有些人可能觉得我傻，但是我一点也不觉得自己傻，因为上了大学之后我遇到了你们的师母，我这才知道我真正喜欢的女生是什么样的，艳同学并不真正是我喜欢的类型。众所周知，情感方面的受伤是最让人痛心的，我觉得我很幸运，因为我没有由于冲动而让自己的情感受伤。

我在说这话的时候，有几个学生诡秘地笑着，我知道这种笑表达的既有惊讶，也有信任。果不其然，后来陆陆续续有几个学生找我来"谈情说爱"。

6．心中有佛：我们不是彼此的敌人

> 他妹妹听了以后这样说：哥哥，因为僧人心中有佛，所以觉得你像个佛；但是你心中有牛粪，所以说僧人像滩牛粪。

少数学生趋向于把老师看成是自己的敌人：天冷了，老师提醒他们注意及时加衣服，他们会把老师想象得很虚伪；他们在课堂上说小话，老师善意地用眼神来提醒他们，他们会怀疑那是老师故意在瞪他们；课堂上，老师喊他们起来回答问题，如果他们不会，他们就认为老师是故意让他们难堪……于是乎，这些学生天天想着和老师对着干，而且颇以此为乐。这种情况在差生中尤为常见。

少数老师也趋向于把学生看成是自己的敌人：学生昨天迟到时，他们已经提醒了学生，没想到学生今天又迟到了，于是他们认为那是学生故意不买账；学生的作业写得有点潦草，他们就认为那是学生不尊重他们；路上偶然听到学生谈话中提到他们的名字，他们就认为学生在说他们的坏话……于是乎，这些老师时时厌烦这些学生，不是希望他们转班退学，就是想着法儿趁机讽刺挖苦他们。

上述这种师生把彼此当作自己的敌人的例子不胜枚举，只不过有一些比较明显，有一些比较隐秘罢了。不管是哪一种情况，这种错误的思想都是激化师生矛盾、引起师生冲突的根源，唯有清除此"毒瘤"，师生关系才能逐步变得和谐。然而，每一个人所认可的思想，一般都是在长久的人生历程中慢慢沉淀下来的。一个人的每一种思想的获得均根植于人的人生阅历，是在"实践"中得到的体悟和感受，无疑这种思想在人的脑海中是根深蒂固的，是不可能轻易就消除的。对于差生来说，这种现象更加糟糕。

差生，不是一天两天就变成的；差生，也不是犯了一次两次错就成为差生的；差生，同样也不是经过一次老师有意无意的厌恶、惩罚和羞辱就把老师当成敌人的。差生对老师的敌对情绪，不是一蹴而就的，而是经过漫长的腐蚀、风化才形成的，这种敌对情绪犹如镌刻在差生的内心一般，难以抹去，也难以抚平。

那么，怎样做才能更快更好地消除差生对老师的敌对情绪呢？我认为应该从三个方面着手。

首先，我们自己应该立刻摒弃把学生当成敌人的错误思想。试想一下，学生刚刚被分到我们班级的时候，有没有在一开始就和我们对着干？按照常理，进入一个新的环境之后，每一个人都不会立刻无缘无故地给自己找一个敌人，同样的道理，学生和我们初次见面时，也不会猛然就把我们当成敌人，正所谓"没有无缘无故的爱，也没有无缘无故的恨"。一段时间之后，某些学生开始将我们看成他们的敌人，那说明我们有意无意的举动已经引起了这些学生的反感和抵触。如果我们的"敌人"从无到有、从少到多，那么正说明我们以往的工作很失败。如果是这样，我们还有什么理由把学生当成是自己的敌人呢？

其次，我们应该以更大的胸怀来包容学生的质疑、试探与挑衅行为。不可否认，除了幼儿园小班老师外，我们几乎都要为学生以前的老师、我们的教育同行来还债。这是什么意思呢？低年级的老师屡屡因为教育方法不当，导致学生对老师甚至是以后的老师都产生了戒备心理，从而让学生在接触新老师时，总会对新老师的言行进行质疑、试探，甚至是挑衅。此时此刻，如果我们像学生的前任老师那样对待他们，那么无疑我们的言行正好验证了学生已有的错误思想的正确性。这是一个非常容易跳进去的陷阱，而轻易跳进去之后，就等于给自己戳了一个大马蜂窝。此时此刻，我们唯有怀揣"不和学生一般见识"的心态，不与学生计较眼前的得失，用宽容心来化解学生内心残存的偏见，才能逐步让学生不以原有的眼光来看待我们。

最后，我们要不厌其烦、恰如其分地宣传正确的思想，以帮助学生树立正确的观念。即便是高中生，学生有时也会对一些思想的认识有偏颇、错误之处，有时甚至对一些科学的思想毫不了解，此时就需要我们去说，去做大量有效的解释、引导工作。只要我们平时用心准备，我们就会得到一些能派上用场的好素材。下面，是我用过的一次演讲稿。

在一次教师节上，有一个女生给我写了一张纸条，其中有这么几句话："老师，见过可恶的，就没见过你这么可恶的，每次向你问问题，你都超打击人的……苍天啊，拜师不幸啊！哈哈！开一个小小的玩笑……老师，若我估计不错，这正是你的良苦用心啊……"

说句实在话，当我看到这句话时，真的感动得想哭，要不是我努力控制着自己，眼泪肯定会"刷刷"地流下来。我为什么这么感动啊？大家如果经常问我问题的话，那么你可能就会有这样的感觉，当你问问题时，我并不会直接告诉你答案或者解题思路，而是会先让你给我解释一下题目的意思，然后让你给我说一说用到的相关知识点，如果你这两方面做到了还不知道如何解题，那么我才会给你详细地讲解一下解题思路。然而，如果你连题目都没看清楚，或者连相关的知识点都说不清楚，那么我就会大声地质问你，并让你回去准备好了再来问问题。在我的思想中，我认为这种方法最有利于你们进步，所以一直坚持这种做法。但是，

三、带好差班的关键：关系大于一切

我教了五年的书了，这位女生是第一个向我说出她对此的感受和想法的人，所以让我很感动。

我想，和这位女生看法相反的学生也大有人在。比如，说我态度不好啊，说我对学生不友善啊，说我不尊重学生啊，说我看不起学生啊，等等。

面对同样一个老师，为什么会有截然不同的两种评价呢？我对这个问题思考了很久。很明显，那位女生对我的评价，是在坚定一种信念的条件下做出的，这个信念就是"老师肯定不会害学生"。坚定了这么一个信念后，她就不会把老师往坏处想，而是另辟思路，从另外一个角度来解读老师的言行。而那些相反结论的得出，可能就不是在这个信念的基础上得出的。事实上，大家也可以想一想，如果你们都能考100分，如果你们都能考上重点大学，如果你们都能成人成才，我能不高兴吗？我总不会希望你们都失败、都痛苦吧？学生不是老师的敌人，老师也不是学生的敌人。当然，这里也是因为老师的脾气不好，才会让大家误解！下面，我想和大家分享一个小故事。

有一天，苏轼和一个僧人在打坐，苏轼问僧人："我坐在这里像什么？"僧人说："像一个佛。"僧人问："那我看起来像什么？"苏轼答曰："像一摊牛粪。"苏轼回答完就得意扬扬地走了，回家后还向他的妹妹讲述了这件事，他妹妹听了以后这样说："哥哥，因为僧人心中有佛，所以觉得你像个佛；但是你心中有牛粪，所以说僧人像摊牛粪。"苏轼恍然大悟，原来自己才是一摊牛粪。

我真心希望大家都能成为心中有佛之人！

7. 积攒威信：我不是软柿子

> 威信应该是一种力量，是一种个体表现出来的使人信任并敬畏的力量，不管这种信任和敬畏是不是心甘情愿的，但它必定是客观存在的。如果学生心甘情愿地接受老师的教诲，既不觉得委屈，更不觉得冤枉，完全出于一种自然而然的心理需求，这就说明老师是有威信的。

威信，是由"威"和"信"构成的一个复合词，通常解释为"威望和信誉"。进行这样简单的割裂和理解，我认为是不妥的。在我心中，威信应该是一种力量，是一种个体表现出来的使人信任并敬畏的力量，不管这种信任和敬畏是不是心甘情愿的，它都必定是客观存在的。就像《三国演义》中"空城计"那一幕一样，司马懿率军而不敢进入城门大开的空，就是因为诸葛亮有"威信"。也就是说，在司马懿面前，诸葛亮已经表现出了一种使他信任并敬畏的力量，司马懿信任诸葛亮是一位有本事的军事家，对他既敬又畏，所以在面对空城时也不敢轻举妄动。战场上的这种威信，达到了不战而屈人之兵的最高境界。

然而，战场不等于教室，将帅之于敌人的威信也不等于教师之于学生的威信。将帅之于敌人的威信，是使敌人不情愿屈服的力量，敌人对这种有威信的将帅的信任与敬畏，一般含有"啖其肉"的恨意在内；倘若教师之于学生的威信，也仅仅是使学生不情愿地屈服，那么此时学生必定是对教师怀恨在心的。理想的境界是，学生出于对教师的人格、品德、思想和能力等方面的信任，心甘情愿地接受教师的教诲，既不觉得委屈，更不觉得冤枉，完全出于一种自然而然的心理需求。这是我理想中教师之于学生的威信。不可否认，这种境界难以达到，然而，"虽不能至，然心向往之"。这种美好的境界，应该成为热爱教育的人的追求。

差生之所以变得这么差，其中的一个重要原因就是他们对老师的教诲已经感到非常厌烦，甚至进行恶劣的抵触。他们为什么这样不买老师的账呢？就是因为老师在他们面前几乎没有任何威信。老师未能成功在差生面前树立起必要的威信，不仅仅是因为老师做得不够好，更重要的一点是：差生的恶劣行为习惯，不仅触犯和践踏了一些合理的规则和公德，而且扰乱了老师应有的平和、理智的心态，以致老师在差生面前表现出了不符合教育原则的言行，进而使差生对善意的教育惩戒更加抵触，对实施教育惩戒的老师更加厌恶。在这个过程中，差生在老师心目中的形象越来越恶劣，而老师在学生心目中的地位也越来越低，此时任何老师都将难以在差生面前树立起很高的威信。另外，几乎每一个差生，都有将对一些老师的不良意识在无形中迁移到其他老师身上的心理倾向。无疑，这让后来的老师树立威信的难度更大了。

不管在差生面前树立威信是多么难，我们都要迎难而上并且全力以赴，要不然差生的教育转化将无从谈起，也注定要失败。教师威信的树立，对差生的成功教育转化应该是必备的基础。那么，我们应该如何积攒威信呢？我认为，威信的树立不是一蹴而就的，也不是一朝一夕就可以完成的，而是我们老师在人格、品德、思想和能力等方面立体构建的，是一点点积攒起来的。

自从担任差班的班主任以来，不管相应的平行班级有多少，不管我们班级的总体情况怎么样，一段时间之后，我总能收到这样的效果：学生没有恶意顶撞我的，或者和我热火朝天对着干的，即便我有时会对他们有些言语上的冒犯；我班的化学成绩总是平行班级中最好的，而且高出第二名很多；当我走进教室的时候，学生会立刻安静下来；当分班的时候，有些学生遇到事情的时候，都乐意跟我说说，让我帮他们拿主意……客观地说，我自认为我在学生面前还是有一定威信的。下面就和大家分享我的思考及做法。

　　成功树立威信的前提是我们对学生的足够尊重。时下，我们经常喊"尊重学生"的口号，但是其实在一些细节上对学生的尊重容易被我们忽略。比如，我校是一所寄宿制学校，班主任每晚在十点左右要进学生寝室查寝，查寝的主要目的有两个，一是督促学生尽早上床睡觉，二是随时检查学生的一些禁带物品——手机、游戏机、方便面等。很多班主任为了能够"有所收获"，往往会破门而入，以求学生躲闪不及被抓个现行，而我对这种做法不敢苟同，因为在我的思想中，寝室应该是学生的私人场所，即便是班主任，也不能随随便便地进出，每当我去查寝时，我总会先敲两下门，然后才进去，虽然这样做会让我一无所获，但是我认为我得到的更多，因为我让学生感受到了我对他们的尊重。这样的细节还有很多，再比如：找学生谈心的时候我们有没有习惯性地让学生坐下来？喊学生回答问题的时候我们有没有坚持说"请"？批评学生时我们有没有因为愤怒而总是爆粗口？学生提供帮助时我们有没有真心地说句"谢谢"？……我们对学生的尊重，不仅可以培养学生尊重别人的美德，还可以换来学生对我们的尊重，试想一下，当学生足够尊重我们的时候，我们离成功树立威信还会远吗？事实上，我们这种对学生的尊重，正表明我们具有优秀的人格及良好的美德。相反，如果我们在课堂上肆无忌惮地挖苦、讽刺、侮辱学生，而导致学生在公开场合和我们针锋相对、恶语相向，那么这样会让我们威信扫地。

　　成功树立威信的关键是我们善良正直的行事风格。当面对差生反复出现违纪行为，尤其是做出一些违反原则的事情时，我们很容易生气，甚至是感到无奈，此时，我们必须把学生的错误、青年应有的素质以及我们的不满和失望说出来，并明确表达出我们对这些不良言行的谴责。譬如，我班的英语老师怀孕四个多月了，还要带两个班级的英语课，比较辛苦。她的性格偏温柔，这样我班的一些学生经常在英语课堂上违纪，有一天晚自习竟然闹哄哄地提前了两分钟下课。第二天一早，我进班"发威"了。我板着脸走进教室，声音低沉且饱含愤怒地说道："英语老师已经怀孕四个多月了，这是一个正在孕育新生命的准妈妈，是最值得尊敬的人！再过一段时间她就要拥有一个可爱的宝宝了，这个宝宝可能就是英语老师这辈子唯一的一个小孩，试想一下，这唯一的一个小孩对英语老师来说该有多么重要啊！大家知道孕妇最忌什么吗？孕妇最忌生气发怒。听说昨晚英语老师的嘴唇气得发紫，那些又吵又闹的学生，你们还有人性吗？！如果换成是你们的亲人，你们舍得让她这样生气吗？你们忍心让她这样生气吗？你们不怕这样做对胎儿会产生不良影响吗？如果你们明知道还故意这样做，那么你们还是人吗？如果还有同学这样冷血，就不要怪我不留情面！"自从这一次"发威"之后，英语课堂的纪律大为好转。我们善良正直的行事风格，决定了我们的底气十足，特别是在面对歪风邪气时，这种正义的力量，能让言行不正的人打心底里发怵。

　　成功树立威信的基础是我们真正对学生好。前文中已经提到了我理想中的教师的威信，是学生出于对教师的人格、品德、思想和能力等方面的信任，心甘情愿地接受老师的教诲，既不觉得委屈，更不觉得冤枉，完全出于一种自然而然的心理需求。如何才能达到这种境界呢？我认为其基础就是我们真正对学生好。学生的眼睛是雪亮的，如果我们真正诚心诚意地对学生好，学生是能够感知到的。我班有名女生，就是我们班级的"女生刺头"，对于这样的学生，说实话，要是她离开班级的话，班级真的会立刻太平很多。这名女生喜欢体育活动，只对体育感兴趣，当初我接手这个班级的时候，她几乎是一点也不学，经过我苦口婆心的引导之后，她下定决心要考取体育类大学，自此她在课堂上最多睡睡觉，而基本上不再会随意说话、捣乱。忽然有一天，这名女生在训练中摔伤了脊柱，经医生鉴定，她以后不再适宜进行体育锻炼。这对她的打击很大，她执意要退学。我问她退学后怎么办，她说不知道，并且也没有想过这个问题。我给她出谋划策，让她先认真地思考一下这个问题，然后再做决定。我真心地对这名女生好，她直到现在也没有在我面前有过不敬。

成功树立威信的禁忌是我们遇到大事小事都发火。很多差生在行为习惯上都有问题，比如迟到、不交作业、随意进出教室、在课堂上吃零食、在课堂上吵闹、值日时敷衍了事等，如果我们每次遇到这些事情，都在班上大呼小叫的，那么教室里可能天天都会有"暴风骤雨"。时间长了，学生对我们这点暴风骤雨就习以为常了。此时，我们发怒，只能气坏自己的身子，丝毫不会对学生起到任何震慑作用。只有偶尔发点火，学生才会对这些火感冒，就像南方很少下雪，而一旦下了雪，南方人就像过节似的那么兴奋、开心。因为差班的问题多，我们不能遇事就发火，而应该有所鉴别，看什么样的问题值得发火，什么样的问题不值得发火。比如，个别学生上课睡觉了，我们也去发火，那就有点不靠谱了，因为上课睡觉太普遍了；倘若学生无缘无故地顶撞科任老师，这可能牵涉到品德素养、人际交往方面的问题，此时我们就可以名正言顺地发发火，因为这都是大事，对学生的健康成长起关键作用，此时我们发火，不仅值得，而且站得住脚。这里需要说明的是，我们所说的发火，不是泼妇骂街、指桑骂槐，更不是随意地拍桌子、扔板凳，而是用严肃、低沉、有力的口气来表达明确的立场、真实的情感以及有效的方法。须知，发火的真正目的应是用"震撼式"的方式来给予学生醍醐灌顶般的引导，以促进学生的醒悟，既不是威吓学生，也不是侮辱学生。

8．树立榜样：让学生难发现缺点

> 就像我们不会轻易选择一个学习榜样一样，学生也不会轻易把老师当作自己心仪的榜样。凡是能当得起榜样的人，必然是经得起考验的人，而经得起考验的人，必然是经得起人们评论的人，必然是无懈可击的人。

作为班主任，不管我们愿意不愿意，我们都将成为学生成长之路上的引导者，这种引导者身份更多是体现在榜样示范方面。作为示范性的榜样，我们无疑要被很多双眼睛或明或暗地盯着。学生盯着我们的目的，主要是看我们是否有资格当他们的学习榜样，或者说有没有资格担任他们的老师。如果我们能够被他们认可，那么这将注定我们在他们心目中是有地位的；如果我们惨遭他们的全部否认，那么这将注定他们是轻视甚至忽视我们的。

作为班主任，不管我们乐意不乐意，我们都将成为学生私下评头论足的对象，这种情况几乎会贯穿我们的整个带班生涯，尤其是我们接手新班级的初期。显然，如果绝大多数学生均给予我们很高的评价，那么这将注定我们的带班过程是愉快而又顺利的；相反，如果绝大多数学生均说我们这也不行那也不行，那么这将注定我们的带班过程是令人心酸的。

在差生形成的过程中，很多老师不仅是无奈的，同时也是失败的。在差生的心目中，他们给予这些老师的负面评价要更多一些，无疑这会让差生在面对后来的诸多老师时更加挑剔。要想赢得差生的心，我们必须在各方面做到力所能及的最优，以便经得起他们的评论。

那么，学生热衷于评论我们什么呢？

长相？当下的学生是比较喜欢评论老师的长相的。不可否认，良好的长相也是可以吸引一部分学生的，要不然学生也不会美滋滋地说出"我们的老师好帅啊"、"我们的老师好漂亮啊"这些话的。但是，长相是天生的，几乎不可以改变。尽管如此，这也并不是说我们在长相上就没有什么可以作为的了。俗话说："佛靠金装，人靠衣装。"只要我们注意平时的装束打扮，是可以给我们的长相加分的。比如，不管留什么发型，总可以洗得干干净净的；胡子，总可以一天一刮的；穿的衣服，也是可以变化类型的；走路的时候，我们总可以昂首挺胸的；说话的时候，我们总可以中气十足的……我们总可以想着法子让自己"美"一点的。至于女老师，只要想着更"美"一点，总是有方法的，当然要注意美得得体。

人品？良好的人品是老师经得起学生评价的根基。时至今日，如果让已为人师的我们来评价曾经遇到的老师，那么我们可能就不再会说老师的长相如何如何了，更多的可能是说老师这个人怎么样。老师这个人怎么样，其中就包括对老师的人品的总体评价。我认为，人品好的人，就是好人；而做好人是做好老师的保障。那么，什么样的人才是好人呢？我认为，善良的人是好人；有爱心的人是好人；有宽容心的人是好人；有同情心的人是好人；表里如一的人是好人……我相信，每一个成人都知道什么样的人才是好人，只要我们想做好人，我们是知道如何做的，这样，学生也会从我们无数的言行细节中发现并承认我们是一个好人。

理想？理想是人不断奋斗向前的动力之源，理想教育是我们教育学生的一种重要方式。如果学生拥有了美好的理想，那么就会多做有意义的事情，就很少做或者压根儿不去做一些乱七八糟、让人心烦意乱的事情，这种结果不仅会让我们当老师的更加顺心、舒心，而且最关键的是学生已经找到了合理的人生方向。当下，很多老师没有理想，或者缺失不平庸的理想，无疑这样的老师不仅不能对学生起到应有的积极的引领作用，而且还难以让学生敬重。撇开老师这个身份，我们也是应该拥有美好理想的，因为"拥有理想才拥有前方"。在我班，几乎每一个学生都知道我的理想："我喜欢做老师，并且想成为有作为的老师。"在他们面前，我毫不掩饰我在教育研究方面的"野心"。事实已经证明，我的这种"野心"让很多学生给予我由衷的赞叹，一些已经毕业的学生甚至告诉我，我对他们最大的影响就体现在对理想的追求方面。

细节？真实的细节将印证或改变学生对我们的已有评论。"细节决定成败"，这句话放在我们为学生树立榜样方面同样适合，另外，我们在细节方面的表现，也正是学生在评论我们时最热衷采用的依据。事实上，不仅学生是这样，就算是我们成人，也更喜欢从细节方面来看待人和事，更何况这种方法也具有一定的科学性。既然细节这么重要，那么我们应该如何做呢？先举几个细节的例子：我们在板书的时候，不小心把粉笔掉在了地上，我们应该弯腰把粉笔头捡起来，此时学生会知道我们是真正的爱惜公物、保护环境；我们走在校园里，口里刚好咳了一口痰，我们应该用纸巾把那口痰包起来，然后丢到垃圾桶里去，此时学生会知道我们不会随地吐痰；学校举行升旗仪式的时候，我们就应该恭恭敬敬地行注目礼，此时学生会知道我们是真正把祖国放在心中……

虚伪？虚伪是一种让人感觉最失望、最痛心的心理。"说一套、做一套"这种现象在当今中国普遍存在,然而几乎所有的人都会对"说一套、做一套"的人反感,并且对其保持一种警惕和怀疑的心态。师生之间的交往亦是如此,当老师的言行经常不一致的时候,学生也会对老师保持警惕和怀疑,无疑这种消极的心态会让学生给予老师糟糕的评价。比如,倘若我们口口声声说如何如何爱学生,而做出来却完全是另一样,那么就极容易被学生发现并传扬出去,此时我们的形象无疑就是虚伪的。爱学生是我们的天职,但是我们的爱并不会全部被学生感受到,因为爱是一种隐性的情感,这种情感的感知和认可需要长期的共同生活做基础。在这里,我想说的是,我们要是真的对学生好,学生早晚都会感知到的,虽然某一段时间学生可能会对我们产生误解。我们每一位老师都应该真正地爱自己的学生。

……

就像我们不会轻易选择一个学习榜样一样,学生也不会轻易把老师当作自己心仪的榜样。凡是能当得起榜样的人,必然是经得起考验的人,而经得起考验的人,必然是经得起人们评论的人,必然是无懈可击的人。当然,"人无完人,金无足赤",我并不是强求每一位老师都要做得怎么怎么好,但是我们至少可以通过坚持而做最好的自己,不要说为了教育事业,就算是为了我们自己,我们也应该做最好的自己。

 温馨提示

让犯错学生觉得对不起你

曾经听说这么一个真实的案例：

唐老师是一位优秀的班主任，在聘请到我校的时候，他被安排在高二年级一个最差的班级担任班主任。在初当班主任时，这个班级的学生对唐老师的所作所为有所抵触；经过大约一个学期后，这个班级在成绩、学风、纪律、卫生等各方面已经取得了非常优异的成绩，学生对待唐老师的态度也发生了改变。这个班级最调皮的男生之一A，一天晚自习时没有穿校服，被前来巡视的政教处主任喊出了教室，政教处主任要求A立刻回去换校服，而A"宁死不屈"，其言语也是不干不净的，政教处主任无可奈何，就给唐老师打电话。唐老师的班级在五楼，而当时他在一楼办事，微胖的唐老师一路小跑来到五楼，已经累得气喘吁吁了。一米八几的男生A见到累得气喘吁吁的唐老师，竟然立刻流下了眼泪，而且不断地说"对不起"。

在上述案例中，唐老师无疑是成功的，那么唐老师到底成功在何处呢？那个最调皮的男生A为什么会突然流泪呢？现在我们可以推理一下。

唐老师听说男生A犯事了，所以从一楼一路小跑来到五楼，其实事情仅仅是因为男生A没穿校服，也算不了什么大事，然而就是面对这样的小事，唐老师为什么会本能地跑上来呢？这或许可以有以下几种理解：唐老师做事比较圆滑、比较世故，故意在领导面前装样子；唐老师怕学生出事给班级抹黑，进而让自己丢面子；唐老师害怕男生A因为进一步的不妥当言行而受到

处分，进而急忙赶到现场来控制事态的恶性发展……唐老师一路小跑的原因到底是什么？可能有不同解答，但是从男生 A 的表现来看，他明显认为唐老师一路小跑的原因是最后一种。

那么男生 A 为什么会那么固执地认为唐老师就是因为他才会一路小跑而累得气喘吁吁呢？在本章节的若干文章中，我已经不止一次地提到差生一般都会对老师抱有质疑、戒备甚至是敌视心理，他们是不会轻易接纳和认可一位老师的，更不会无条件、固执地认为相信老师的言行都是为他好。但是，男生 A 就是无条件、固执地认为唐老师的所作所为就是为他好，正是因为这样，当他看到气喘吁吁的唐老师时，才会顿生羞愧之感，才会禁不住流下眼泪来。显然，唐老师以前的言行已经彻底打动了男生 A，男生 A 在内心已经不再对唐老师设防，已经无条件甚至是有点固执地信任唐老师了。这种"很铁"的师生关系扫除了一切阴霾。

那么唐老师又是如何"俘获"男生 A 的"芳心"的呢？当过班主任，或者当过老师的人都应该会有这样的经历：当我们对一些学生好时，这些学生可能毫不领情，甚至会表现出一些不屑来；当我们一直以来都对一些学生好的时候，这些学生对我们却不冷不热的，甚至一点也不在乎我们之间的师生关系；当我们对一些学生好的时候，他们甚至怀疑我们，把我们说成是"虚伪"的人……世界上最珍贵的付出是真挚的情感的付出，世界上最珍贵的收获也是真挚的情感的收获。当我们付出真挚的情感后，却得不到来自学生的真挚情感的回报，我们的内心无疑会"拔凉拔凉"的，而此时的学生或许在我们眼中就成了"白眼狼"。不可否认，由于各种原因，这个世界上存在一些感情冷漠的"白眼狼"式的学生，但这样的学生毕竟是少数，绝大多数学生的内心还是热乎乎的。当我们拥有这种观点后，就可以放手去做了，而不要因为学生一次的冷漠就否定了我们的努力和付出，不要因为学生一

三、带好差班的关键：关系大于一切

次的冷漠就否定了学生的品格，我们要树立水滴石穿的观念，相信量变可以引起质变的自然规律，相信我们对学生的好有朝一日一定可以打动学生。也就是说，唐老师之所以能够成功"俘获"男生 A 的"芳心"，是因为唐老师在此前已经做了大量铺垫性的工作——既有对学生无私的关爱，也有对学生无限的宽容；既有对学生很多的希望，也有对学生不少的引导；既有教育学生的高超艺术，又有教育学生的过人智慧；既平静地面对学生的质疑，又真诚地持续地爱学生……

现在再回到"差生"上面来，大多数差生在面对老师时，一般都会怀有不同程度的抵触、排斥、质疑、挑剔等负面心态，也就是说，他们更难于让老师们亲近。在这种情况下，倘若新老师的面孔和差生以前遇到的老师的面孔差不多，那么差生基本上就会把接纳、欣赏新老师的大门完全关闭，此时新老师连亲近差生的机会都没有，就更不要说教育转化他们了。

因为，关系大于一切！

在本章节中，我们做的所有工作，都有一个重要目的：为了改善与差生之间的关系。这里所强调的师生关系，并不是庸俗的成人之间的利益关系，而是彼此之间的互相亲近、互相欣赏、互相引导、亦师亦友的亲密关系，是符合教育科学规律和教育目标要求的关系。一旦我们和学生之间建立了如此的亲密关系，我们就自然而然地趋向于感知学生的内心，学生也会自然而然地趋向于感知我们的内心，从而使我们对彼此在真善美方面的积极影响能够更加深入、更加持久、更加有效，如此这般，师生双方的生活状态将会得到巨大改善，师生双方的生命潜力将会得到充分挖掘，最终师生双方的生命质量将会得到大幅度提升。这样的师生共同生活，无疑是幸福的。

本文前面已经提到，差生很难接纳我们。然而，如果从另外一个角度来看，差生更需要真挚的师生关系，也更向往、更在意真挚的师生关系。由

于在学校的特殊经历，差生很难获得真挚的师生关系，或者说他们从来没有体验过真挚的师生关系，从心理学的角度来看，这种缺失会让他们更向往、更在意真挚的师生关系。在这种情况下，只要能够找到一把合适的钥匙，我们就能开启改善师生关系的大门。当然，这把合适的钥匙很难找到。

面对差生，我们也要努力和他们建立这种亲密的师生关系。纵使前面困难重重，我们也要全力以赴，因为这是一切教育言行能够产生效果的根本。

关系大于一切！在上述案例中，唐老师的言行之所以能够让男生 A 感激涕零，能够让男生 A 感到对不起唐老师，就是因为他们之间已经成功建立了这种亲密的师生关系。

四、带好差班的原则：有底线，有人情味

 故事导读

印第安人的捕熊方法

美洲印第安人的捕熊方法非常独特。首先，他们把蜂蜜涂在巨大的石头上，然后用绳索把石头挂在结实的树枝上。如果熊来到这里，它就会为了抓住石头而举起前爪触碰石头。悬挂着的石头受力后就会开始进行钟摆运动，并打到熊的身上。愤怒的熊会越来越用力地去击打那块石头，而石头打回来的力量也会越来越大。最终，熊就会筋疲力尽并被石头击倒。

既然担任了差班的班主任，我们在内心深处肯定不希望把班级带得更差。在我们努力把班级带得更好的过程中，一些学生可能会给我们带来很多麻烦，一些家长可能会对我们产生怀疑，一些科任老师可能也会对我们心存埋怨，此时我们在保证底线的同时，应该更有人情味地和他们交往，以免被利益困扰，以免两败俱伤，要不然我们岂不像愤怒的熊那样愚蠢？

1. 法治总比人治好

（1）制度清晰：你该怎么做

> 班级规矩具有较强的可记忆性和可执行性，一旦问题发生，那么班主任就知道自己要做什么，犯错学生也知道自己要做什么，谁该做什么都是由班级规矩定下来的，几乎不会受人为因素的影响。

还是那句老话：没有规矩，不成方圆。

这句老话正告诉我们：要想成方圆，就必须先把规矩制定起来。

有人曾说：遵守规矩的最高境界，就是忘记规矩。对于很多差生来说，他们也经常忘记规矩，但这并不是因为他们遵守得好，而是因为他们时常无视各项规矩的存在，说得好听一点，就是他们经常忘记各项规矩。不管是真忘记也好，假忘记也罢，我认为，让差生遵守规矩的第一原则，就是要让他们记住规矩。他们只有熟记了这些规矩，才有可能在特定的环境中想起这些规矩来，这是他们遵守规矩的前提。

那么，怎么才能让差生记住各项规矩呢？

对于各项规矩，不管是民主制定也好，还是班主任自己制定也罢，如果内容多到要用几张纸才能打印完，那么不要说是学生，就是我们自己也不一定能随口说出那一条条很细小的规矩。无疑，这无数条细小的规矩，既然差生记不住，那也就成了摆设，没有实质意义。因此，制定

四、带好差班的原则：有底线，有人情味

各项规矩的第一原则，就是规矩简单，方便学生记忆。

在我班上，规矩就是班训，班训的总目标是"学会做人，学会学习"，具体包括四条："敬以求谐，竞以求进；静以求学，净以求美。"

我把这几句话制成一块长宽均约为50厘米的方形展板，用双面胶粘贴在教室前墙上黑板的一侧，这样学生随时可以看到。展板底色是浅蓝色，上面的字为红色，"班训"两字为楷体，"学会做人，学会学习"为隶书，其余用宋体：

班训

学会做人，学会学习

敬以求谐，竞以求进；

静以求学，净以求美。

为了让学生对班级的规矩更加烂熟于心，我主要做了两点：一是利用班会课，或者其他特殊时刻，让学生齐声朗读班训内容；二是在给学生介绍一些新闻、故事或者身边的真人真事时，经常把落脚点放在班训内容上。

有人可能会产生疑问：你们班的规矩的确简单，的确便于学生记忆，但是包含班级管理的方方面面吗？事实上，这样的规矩也足以包含所有规矩。比如说，上课说话、睡觉、顶撞老师、随意进出教室等违纪行为，都可以包含在"敬以求谐"这一条中，就说"说话"那一条：老师在辛辛苦苦地讲课，你却随意讲话，这是不尊敬老师；教室是公共场所，你随意说话，无视其他同学的利益，这是不尊敬同学。如此一来，不都包括在"敬以求谐"中了吗？再说，我们还有"学会做人，学会学习"这两大条呢，老师的一切教育教学活动不都是要引导学生"学会做人，学会学习"

吗？这个班训的内涵丰富得很，就看我们怎么理解了。

那么，制定规矩的第二原则是什么呢？我认为是可执行性。不管规矩制定得多么好，只要执行不了，那就没有任何意义。另外，对于差生来说，他们几乎在方方面面都会犯错，如果你把方方面面的规矩都制定起来，且不说难以执行，就算你能执行下来，那么天天也会被这些鸡毛蒜皮的事情弄得焦头烂额，这样班主任的工作会主要集中在常规等低层次，而不能更好地进行精神引领等高层次的工作，无疑这样的工作缺乏真正的教育意义。也就是说，根据差班的特征，班级规矩的制定必须要体现出班级管理的侧重点来，要抓主要问题，而不能眉毛胡子一把抓。我们班级的规矩主要是抓课堂。从这个角度来说，判断班级规矩的可执行性强不强的主要依据为：是否重点突出，是否简单易行，是否便于操作。我们班的规矩可操作性比较强，以"静以求学"为例，在课堂上随意说话一次，班主任私下提醒；在一定周期内连续第二次在课堂上说话，班主任私下找其谈话；在一定周期内连续三次说话，班主任在班级通报批评；在一定周期内连续四次讲话，违纪同学要在班级内公开罚站10分钟；在一定周期内连续说话超过四次者，将勒令其进入督学室（我所在学校专门为屡屡违反课堂纪律的学生设置的教室），直到确实改观为止。制度清晰是可执行性强的基础，就像"把扫把摆放整齐"就没有"扫地的同学必须把扫把放在灰簸箕里并竖直摆放在墙角"清晰，在制定具体制度时，我们必须力求清晰。从目前的执行情况来看，大部分学生只会进行到第二步，少数学生进入到第三步，进入到第四步、第五步的几乎没有。另外，在执行的过程中，几乎没有什么障碍，能够长期坚决执行。至于到底怎么执行，我们可以根据学生的特征、学校的规定以及个人的教育理念来制定。

四、带好差班的原则：有底线，有人情味 89

班级规矩具有较强的可记忆性和可执行性，一旦问题发生，那么班主任就知道自己要做什么，犯错学生也知道自己要做什么，谁该做什么都是由班级规矩定下来的，几乎不会受人为因素的影响。另外，制度清清楚楚地摆在那里，犯错学生对于自己即将受到的处罚已经心知肚明，就不会产生班主任故意针对他的想法，这在一定程度上也能避免产生更多的师生矛盾。

总之，制定出清晰的制度是走向法治的基础。

（2）执行彻底：你要承担什么

> 这些制度之所以说得这么清楚，就是想让这些制度能够更好地被执行，能产生应有的教育意义。再清晰的制度，不被坚持彻底执行，它也是毫无意义的。

制定出清晰的制度是走向法治的基础，那么彻底执行各项制度就是走向法治的重要保障。

在我们班，"敬以求谐"这一条包括一个重要方面：在课堂上恶意顶撞老师者，必须向老师和全班同学鞠躬90°道歉，并公开检讨。为什么这样做呢？因为恶意顶撞老师是破坏师生关系和扰乱课堂正常教学秩序的"核武器"，更是体现出学生淡淡的公德意识以及拙劣的教养。

可以说，在课堂上恶意顶撞老师已经触及了教育及做人的底线，不能不引起师生的重视。为此，我曾以此为话题着重提醒过学生，在我提醒之后还有学生胆敢无视这一点，那么我这个班主任就必须要彻底执行——坚决按规章办事，决不妥协。

晶科是我们班的一位男生，来自离异家庭，做事比较冲动，而且疑心颇重。有一次在数学课堂上，他趴在课桌上睡着了。数学老师走到他身边提醒他要坐端正。没想到他仰头、斜眼，颇具挑衅地盯着数学老师一会儿，然后又旁若无人地趴在课桌上睡觉。数学老师脾气好，再次说道："请你坐好了！"没想到他一仰头，懊恼地向数学老师咆哮道："我睡我的觉，关你什么事！"此时刚巧我到班级巡视，这糟糕的一幕刚好被我看在眼里。我把晶科喊出来，示意他到办公室里去说说情况，谁知他火气更大了，气哄哄地又说："我睡我的觉，关你什么事！"我看他火气比较大，就让他先站着冷静一会儿，没想到他回到教室把书包拿出来，把教室的门关得震天响，然后扬言说"我不读书了"。我问他想干什么，他说现在就回家。见此情景，我迅速拨通他父亲的手机，要求他父亲立刻过来接晶科。因为我有课，晶科父亲到校时，我正在上课，我们没来得及交流，晶科父亲就带着他回家了。

第一天，晶科父亲打来电话，问我怎么办。我告诉他，要问晶科想怎么办。

第二天，晶科父亲带着晶科来到学校，无奈当时我们参加全校老师例会，晶科及父亲只好回家。

第三天早上，晶科父亲很早就带着晶科来到学校了，碰巧我当时有事，晶科父亲自作主张地让晶科先回到教室上课，然后他在办公室里等我。等我回来后，发现晶科不在他身边，他才说他让晶科先到教室上课了。听到此话，我有点生气，然后不容讨论地说道："晶科做的事情想必你已经知道了，我现在必须把他喊出教室！在问题解决之前，他还不太适合进入教室学习！"然后我一声不吭地把晶科从教室里喊了出来。

晶科来到办公室后，我对他说："我现在要把当天的事情给你爸爸说

四、带好差班的原则：有底线，有人情味

一说，你要是觉得我说的有不符合事实的地方，你可以立刻提出来。"

然后我把当天的事情给晶科父亲说了一下，其中重点强调这么几点：

"一，课堂是公共场所，不是晶科一个人的，还是其他同学的，是大家的，这一点我已经在班级强调过很多次，但是晶科的所作所为明显违背了这一点，说得难听一点，晶科在公共场所并没有表现出应有的公德来！"

"二，晶科是我们班的一员，数学老师当然不能对晶科睁一只眼闭一只眼，晶科在课堂上睡觉，数学老师当然有责任提醒他坐好，但是晶科明显无视数学老师的用心，竟然用'我睡我的觉，关你什么事'这样的无赖逻辑来恶意顶撞数学老师。不管晶科当日遇到了什么事情，也不管晶科当时的心情怎么样，反正晶科已经是一名将近18岁的青年了，应该知道做人做事是要讲原则、讲底线的，但是我看不出晶科当时有讲原则、讲底线的表现。"

"三，作为班主任，我们班的学生和科任老师发生了矛盾，而且刚好让我碰上，那我当然要先把当事学生喊出来，让双方先冷静下来，一是为了更好地解决问题，二是为了让老师能继续上课，毕竟不能因为两个人的事情而耽误其他同学理应享有的学习时间。但是，晶科明显没有顾及这些，不但不听取我的劝告，反而还气势汹汹地返回教室取书包，并把门关得震天响！在这里，我也看不出晶科有尊重他人的表现，当然也看不到晶科有自尊的表现。"

说完这些后，我问晶科及其父亲："怎么办？"

晶科父亲说："向数学老师道歉！"晶科表示同意。

"作为班主任，我这几天已经和数学老师沟通了，同时我也为我们班的学生无故顶撞他而向他道歉。"晶科父亲听到这话，连说他也向数学老

师道歉。"根据我们的班级制度,在课堂上无故顶撞老师的学生,一是必须向老师和全班同学鞠躬90°道歉,二是必须面向全体学生公开检讨。"

晶科闻言面露难色,但表示愿意这么做。意见一致后,我们在离下课还有五分钟的时候,共同走向教室,我先向数学老师简单说明情况,紧接着晶科在讲台上先是向数学老师鞠躬90°道歉,然后向全班学生鞠躬90°道歉,并做检讨:"那天数学课上,我因为冲动而扰乱数学课堂秩序,进而让大家的学习受到干扰,我向大家道歉,请大家原谅我!"

……

在这个案例中,有的老师可能会说,鉴于晶科特殊的家庭背景,这件事情是不是适合采用更宽容的方式。事实上,我对晶科是比较宽容的——本来这样的事情,班主任是要上报学校政教处的,这样学生肯定会受到相应的处分,而我并没有上报,就是考虑到了他的实际情况;但是宽容归宽容,我不能因为对晶科的宽容而使这件事情不了了之,也就是说,他也必须为自己的过错承担责任,必须对此有深刻的认识和体会。这样做,不管是对他个人,还是对班级其他学生,都是有意义的。特别是对一些牵涉到底线和原则的制度,我们更要面向全体成员彻底执行。

在班级的诸多制度中,我们已经做出了清晰的要求,比如"扫地的同学必须把扫把放在灰簸箕里并竖直摆放在墙角"、"拖地的同学必须把拖把洗干净后竖直放置在水桶里"、"各科代表必须在晚自习上课铃声响以前把当日作业写在黑板的左上角"等,这些制度之所以规定得这么清楚,就是想让这些制度能够更好地被执行,能产生应有的教育意义。再清晰的制度,不被坚持彻底执行,它也是毫无意义的。坚持彻底执行各项制度,既是成功走向法治的重要保障,也是法治社会的重要体现,更是促使法治产生应有效果的基石。

四、带好差班的原则：有底线，有人情味

2．教育的目的不是惩罚

（1）班主任：不要用学生的问题惩罚自己

> 当时我是这么想的：我带的学生不好，那说明我这个班主任没有水平。严重的时候，我甚至会想：学生犯错，就相当于我这个班主任在犯错。

先来回顾一个案例。

后天就要高考了，我校是高考考点，一方面要让高一、高二学生提前离校，另一方面要使用高一、高二的教室作为考场。接到考场布置任务后，班主任们不敢懈怠，都认真地做了安排。但是，当学校领导来检查考场布置情况时，发现余老师的班级把考场布置得乱七八糟：不仅桌与桌之间的距离小于80厘米，而且墙面上的字画也没有用白纸贴起来。当学校领导通知余老师重新布置时，余老师还一头雾水的："我不是已经安排学生做那些事情了吗？"当我们走进教室一看，除了领导说的那些问题外，抽屉里、地面上还有不少纸屑！余老师一看此情景，脸一下子变得铁青，嘴里也骂骂咧咧的；当我们帮着余老师布置完考场后，余老师仍怒气冲天，恨恨地说要好好地批评学生一顿；晚上，我们几个老师聚餐，余老师在餐桌上变得沉默寡言了，平时余老师还是比较健谈的，可见他此时仍然一肚子怨气呢……

在我们带班的过程中，像上述这种情景，我们可能会经常遇到，尤其是在带差班的过程中。比如：

我们反复提醒学生，做广播操的时候一定要动作规范，该跳起的时候一定要跳起，该弯腰的时候一定要弯腰。但是，学生依然一副懒懒散散、漫不经心的样子，让人看着就头痛，心里顿时就产生了不少火气。

我们一再强调，在参加升旗仪式的时候，一定要保持立正姿势，不要随意说笑，不要站得东倒西歪的。但是，总是有那么几个学生，老是嬉皮笑脸地在那里说笑，让人看着就生气，真想过去抽他两个耳光！

我们时常告诫学生一定不要在教室里随意丢垃圾，而且要主动把自己课桌旁的纸片捡起来，但是，总是有那么几个学生，在他们的课桌旁，时不时就会出现一些碎纸片，你让他捡一下，他还不怀好气地说一句"那不是我丢的"。真气人，恨不得把这种不自觉的学生轰出教室去！

这样的例子在差班的常规管理中，几乎天天可以碰到，举不胜举。我在最初担任班主任的那两年中，对这样的问题颇感头疼，有时甚至为此而彻夜难眠。前面提到一学期的班主任工作能消耗我近10公斤的体重，也和这种糟糕状况有莫大的关系。我为什么心事这么重，为什么这样放不开呢？

当时我是这么想的：我带的学生不好，那说明我这个班主任没有水平。正是由于这么想，一旦学生犯错，我就会生气、生闷气，除此之外，还会有烦闷、急躁、无奈、悲观等不良情绪困扰着我。严重的时候，我甚至会想：学生犯错，就相当于我这个班主任在犯错。

现在想一想，这种把学生的错误和班主任完全捆绑在一起的想法是缺乏科学依据的。比如说，学生随意在地面上丢垃圾，这和班主任有多大的关系呢？如果是素质比较高的学生，即便班主任没有强调有关卫生的要求，他也不会随意乱扔垃圾的；而对那些素质比较差的学生来说，即便班主任反复强调,他可能依然故我。这垃圾是班主任丢的吗?不是。那班主任强调了不准乱扔垃圾了吗?是的。既然都这么做了,班主任还有什么错呢?我们不能把学生的错简单看成是班主任的错,二者没有必然的关联。

此外,个体的综合素养除了和学校教育有关系外,还和社会教育、家庭教育有关系,而且往往这两种教育对个体的影响更大,班主任实在没有必要把学生的过错看成是自己的事情。对于学生的错误,父母、社会要比我们承担更多的责任。

那么,是不是说班主任就应该对学生的错误无动于衷呢?当然不是。

还以开篇余老师那个案例为例。我们几个人在小酌的过程中就问余老师到底是怎么回事,特别是那些明显的问题怎么都没有注意到。原来事情是这样的:当时学校下课的时候,其他班主任都立刻走进教室,一是和学生一起布置考场,二是对学生的布置工作进行指导和监督。但是,当时余老师因为肚子疼,就去上厕所了,当他回到办公室的时候,看到其他班主任都在办公室,就忘记了到教室去检查一下布置的情况。这样问题就出来了:

一,学校要求桌与桌之间的距离不得小于80厘米,当时学校发的尺子还在余老师的办公桌上呢,你让学生怎么确定距离?他们只有目测了,这样做的误差当然大了。

二,我们学校连着上12天的课放假两天,对于普通班的学生来说,他们在放假铃声响的那一刻都是"飞出"教室的,他们回去的心情太迫切了,班主任不在场监督,难怪他们会草草了事。

三,余老师在布置各项工作时,只是强调了那些留下来的学生要怎样怎样布置考场,但是并没有说每一个学生都要把自己的抽屉全部整理干净，这样不少学生只是把自己的书本拿走，那些废纸片什么的就都留在抽屉里了。

四，普通班的学生整体习惯比较差，他们不一定能把大扫除、布置考场这样的工作做好，或者说他们不知道做到什么样才算好。另外，不少学生的确是不太自觉，班主任不在场，他们就会敷衍了事。

我们这样对余老师一一进行分析后，余老师的心情显得好多了，还自嘲似的说："这事原来也怪我。"

当学生犯错后，我们可以生气，但是我们一方面不要把学生的错误简单看成是自己的错误，另一方面要认真分析错误背后的深层次原因。只有这样，我们才不会紧紧盯着错误本身不放，才不会用学生的错误来惩罚我们自己，才能找到以后改进和努力的方向。

（2）学生：惩的目的在于戒

> 在令人生厌的犯错学生面前，我们最适宜的身份就是老师，老师要做的工作就是对学生进行文明的教育，而非谩骂、吓唬或者体罚，否则我们极有可能因为"教育"而被推入火坑。

下面的案例整理自一篇在网上看到的新闻：

2008年11月20日，在四川省绵阳市涪城区塘汛镇某市级中学的某班晚自习课上，同桌女生向15岁的小斌（化名）借笔时，小斌开玩笑说："找你男朋友借。"双方因此起了争执。正在教室里的杨老师让两人站起来。见站起来的小斌还在说话，杨老师将小斌"请"出了教室。不一会儿，班主任卢老师过来问小斌因何不进教室，小斌看到卢老师拿着一根约一米长的篾片,怕挨打就不敢实说,便说自己上厕所回来没人开门,所以站在了门口。卢老师又问小斌另一位在教室外的学生刚才是不是在调皮,小斌回答"不知道"。卢老师一篾片打在了小斌肩膀上,又问他晓得不,小斌还是回答"不知道",卢老师又一篾片打在了他的身上。这时,杨老师过来指出小斌"说谎",卢老师听后"啪"一下就给了小斌一巴掌。情急之下,小斌一拳打在卢老师脸上,卢老师赶紧按住小斌的头,倔强的小斌挣扎着双拳乱舞,头向上拱,还误伤了上来"拉架"的杨老师。几分钟后,小斌又被卢老师拉上了二楼的政教处。随后,卢老师的老公来到办公室,先给了小斌一耳光,接着将其按在地上又踢了几脚。卢老师站在附近,并没有阻止。

记者以小斌远房亲戚的身份与卢老师进行了沟通。对于此次冲突,卢老师感到很难受,称自己完全没有想到一向听话的学生竟然对自己举起了拳头,事后自己和杨老师都哭了。针对是否打小斌一巴掌一事,卢老师解释说,自己不是在"打学生",而是针对他们的错误在进行必要的"惩戒"。她称自己就打了一下,打得并不重。此时随行的杨老师插话说,教育部对于老师正常惩戒学生是持支持态度的。此时,小斌当面顶撞老师说,"耳巴子打响了,脖颈还有很多抓痕",此说得到了记者的亲眼证实。卢老师称,"抓痕"是想阻止小斌的狂乱而不慎留下的,因为当时小斌的攻击力很吓人,打了她很多拳,有一拳还打在了杨老师的脸上,杨老师左眼睑下至今有一小块是青紫的。记者看到杨老师左眼睑下的确有一块乌痕。

卢老师继续解释道,当时小斌的态度很不好,给了小斌一巴掌是自己气急之下的举动。至于老公后来到了政教处一事,卢老师是这样解释的,当时她气晕了,就让老公来接自己回家休息,没有见到老公扇耳光、踢打小斌。随后，记者就此事向卢老师的老公进行核实，这位自称姓田而不愿透露姓名的男子否认自己打过小斌，称小斌所说的"扇耳光"不过是用手指在小斌的下颌处指了一下，所谓的"脚踢"是自己被椅子绊倒时看到小斌冲上来就用脚抵挡的下意识保护动作。他说自己以前也教过书，因为"当老师教育孩子常常被误解"而不愿继续从事教育工作。

事后，小斌的班主任卢老师、当时的任课老师杨老师及班上的几位同学来到小斌家，与小斌当面沟通，并请小斌回校上课。老师登门来"请"，小斌并不买账，与老师见面时的对话仍充满浓浓的"火药味"。小斌很不服气地说："学校要求我在家里'反思'、写检讨，还要当着全班同学的面宣读，并给老师道歉，这是我不愿意做的。我认为自己是有错，但错误没有老师的大。而且，最让我和家里人想不通的是，老师的老公竟然冲到学校里当着学校那么多老师的面踢打我、扇我耳光，为什么他们不向我道歉？！我决定了，不再去学校上课！"

……

在此案例中，卢老师、杨老师、小斌及卢老师的老公均成了受害者，这是最糟糕的情况，而且本可以避免。当然，要想避免这种最糟糕的情况发生，我们必须在以下几个方面转变认识：

首先，我们在惩罚犯错学生时不能有恫吓、泄愤及让学生遭罪的不良想法。杨老师在到班级巡视时，手里拿着一根约一米长的篾片，为什么拿这种"武器"？从小斌当时的反应来看，这种武器明显是用来"打"——或者吓唬学生的。说句实话，在我五年多的教育经历中，也遇到过几个真的让人非常头痛的差生，当看到这些差生那种令人顿时就火冒三丈的神态时，真想走过去揍他一顿。但是，当我一意识到自己的老师身

四、带好差班的原则：有底线，有人情味 99

份时，这种想法就立即被打消了。虽然我们也是凡人，有着凡人的喜怒哀乐，但是在犯错学生面前，我们首先是老师。既然我们是老师，那么我们就要把常人在此时可能拥有的恫吓、泄愤以及让学生遭罪等想法抛诸脑后，此时我们必须明确自己的身份，绝对不能角色混淆，否则一旦我们把常人的那些想法付诸行动，我们就会"吃不了兜着走"，就像案例中的卢老师。

其次，我们对犯错学生的惩戒必须要合法。正像杨老师所说，"教育部对于老师正常惩戒学生是持支持态度的"，但是教育部并没有说我们可以怎么惩戒学生。教育部没有明确告诉我们怎么做，那是不是说我们想怎么做就怎么做呢？显然不是，这里的法律空子不能钻，一钻一个倒霉。事情出来后，卢老师等人要极不情愿地到学生家里"请学生回校上课"，要低三下四地向学生服软，甚至还要恭恭敬敬地受学生的数落……这就是钻法律空子的倒霉下场，因为卢老师的确是用篾片打学生并扇了学生一巴掌，因为教育部只说老师可以惩戒学生但没说可以打学生，因为很多法律规定老师不能体罚、殴打学生，到头来，老师错得最厉害，有理都变成了没理，身心受到极大的伤害，新闻曾报道某个老师因此而被逼疯了。凡是老师打学生的，只要学生告老师，那是一告一个准。在这种处境下，我们老师必须依法行事，千万不可意气用事！切记！

最后，我们在犯错学生面前理应首先想到的是教育。刚才已经说过，在令人生厌的犯错学生面前，我们最适宜的身份就是老师，老师要做的工作就是对学生进行文明的教育，而非谩骂、吓唬或者体罚，否则我们极有可能因为"教育"而被推入火坑。那么,怎样才能更好地教育学生呢？此时我们只有了解了原因，才能对症下药，才能找出良策，才能按规章办事。在上述案例中，卢老师是想到调查原因的，但是只选择了一条路，那就是"严刑逼供"小斌,这条路走不通之后,卢老师还是硬着头皮往前走……杨老师就在班级,卢老师可以主动问一问杨老师,这样就把情况调查清楚了。紧接着,卢老师可以就"开玩笑要注意场合、说话对象"、"要向女同学道歉"等内容和小斌谈一谈,最后可以按照班级制度给予小斌一定的惩罚,这种治病救人的行为,才可称之为"教育"。

在分析这个案例时,我也是作为一个"事后诸葛亮"来谈自己的一点看法的。带过差班的老师都应该有这样的体会:有些差生犯的错误,有时真的能让人情绪失控。现在极少数学生做事的过分程度,真的已经达到了让人无法容忍的地步,这种场景,不是亲身经历,是很难想象到的。然而不管怎么说,作为老师,我们必须回到教育层面上来,这里有我们的处事原则。苏联著名教育家马卡连柯明确指出:"凡是需要惩罚的地方,教师就没有权利不惩罚,在必须惩罚的情况下,惩罚不仅是一种权利,而且是一种义务。"但是在我们惩戒学生时,一定要想到"惩的目的在于戒",这既是教育的要求,也是进行自我保护的需要。

(3) 科任老师:带差班,他们也痛苦

> 班主任和科任老师是拴在同一根线上的两只蚂蚱,除了要同病相怜,还必须同舟共济!

在我以前工作过的那所学校,差班班主任的待遇要比好班班主任的待遇好,不仅校长经常在教职工大会上表扬差班班主任,而且差班班主任的费用每月还要多出200元(好班800元,差班1000元)。校长说,把好班带好那是理所当然的事情,而敢于接手差班本身就不容易,能把差

班带好那就更不容易。即便如此,也很少有人愿意担任差班班主任。用我校一个差班班主任的话说:"带差班那是要命的事情!"虽然这话说得有点夸张,但并不是一点道理都没有,君不见那些带好班的班主任张口闭口谈的都是"幸福",而差班班主任总是埋怨说"累"说"烦",这一点在各大班主任论坛上更为明显,有时从一个班主任说话的内容就可以判断出他是带哪一种类型的班级的。说了这么多,只想表达一点认识:担任差班班主任,的确不是一件容易的事情,更不是一件享福的事情。

当差班的班主任不容易,那么担任差班的科任老师是不是就很轻松啊?

当然一点也不轻松。我做过一个简单的调查,在我校高二年级中,科任老师到差班上课,从上课铃声响起到下课铃声响起这段时间里,平均每节课要因学生睡觉、说话、东张西望等问题而提醒5~8次;平均每一周要因为课堂纪律问题而给学生"做一次思想工作"或者"发一次火"。当然,这还是比较好的情况,那种更差的班,即便天天做思想工作,或者天天发火,老师也不能成功地调控课堂,几乎无法正常上课,不少老师都因为受不了这份罪而离开我们学校了。那些老师在课堂上受罪还不算,关键是有一些学生还对老师冷嘲热讽。有一个班级,语文老师生气了,他们在黑板上写下了一些莫名其妙的话语,比如:"语文老师今天生气了,下一位是谁呢?""语文老师生气了,五天不做语文作业,耶!"遭遇这种情况,老师要是没有良好的心态和强大的心脏,非气得半死不可。在这种情况下,如果班主任不助科任老师一臂之力,那不就等于惩罚科任老师吗?!说了这么多,也只想表达一点认识:担任差班的科任老师,的确不是一件容易的事情,更不是一件享福的事情。

在差班,班主任和科任老师遭遇同样的状况,那该怎么办呢?

班主任和科任老师是拴在同一根线上的两只蚂蚱，除了要同病相怜，还必须同舟共济！

道理很简单：班级变得越来越好，班主任越来越省心，科任老师也越来越轻松；班级变得越来越差，班主任越来越麻烦，科任老师也越来越艰难。

那么，具体该怎么做呢？

首先，课堂纪律的管理要成为班主任工作中的重中之重。前文中提到的我班的班训，几乎都是和课堂纪律有关的。为什么呢？课堂既是教学的主阵地，也是班级管理的根据地，不管是教学，还是教育，几乎都是在课堂上进行的，课堂理应成为班级管理的核心，对于差班来说，课堂纪律的管理不仅要成为重中之重的工作，而且还要成为首要工作之一。课堂问题解决了，很多问题就顺带着解决了。在我们班，除了班训的大多数内容涉及课堂纪律，我平时所做的思想教育工作，大多数也是为课堂纪律服务的。比如，第六章中所要讲的"人生历程"和"公共场所"等话题，其目的之一就是为了引导学生树立良好的课堂纪律意识。

其次，班主任必须勤进班。大多数差生的自控力差，自觉意识也不够强，班主任勤进班，就可以给予学生一定的外部约束力，实践证明，这种"盯"的工作还是比较有意义的，因为在班主任的紧"盯"之下，学生就不会那么轻易地去破坏课堂纪律了。这一点从学生的反应就可以看出来，有个别比较"聪明"的学生，总是到办公室抄写班主任的课程表，其目的很明显，就是想确定哪节课班主任可能到教室巡视，由此来看，学生对班主任到教室巡视还是比较在意的，学生在意，就会有效果。当然，有些人可能会说，班主任此时又玩起了"警察抓小偷"的游戏，那是比较辛苦的。的确是这样的，鉴于差生的"自控力差，自觉意识也不够强"

等特点,"盯"还是不错的选择;再说,一旦学生养成了习惯,班主任就可以一劳永逸了。

最后,班主任要定期和科任老师联系,并及时了解科任老师的痛处。我给科任老师印发了"课堂纪律周周报"记录单,同时班级也有条不紊地着填写"班级日志",综合科任老师和学生干部的记录,我们是可以发现一些情况的,比如在我班:语文老师、数学老师、政治老师、生物老师等老师的课堂纪律比较好,除了个别学生睡觉外,基本上没有什么大问题,这样就不需要班主任每节课都去巡视了,偶尔去一次就可以了;而英语老师、物理老师的课堂纪律比较差,有不少学生"嗡嗡讲话",比较吵闹,影响了正常上课,问题比较大,需要班主任经常去"盯"。为此,只要没有课,每节英语课、物理课我都要去,甚至在其他班上看晚自习的时候我也抽空去看看。学生一看这阵势,已经意识到班主任比较关注英语、物理课堂了,学生也就不会傻子似的往枪口上撞了,英语、物理两科的课堂纪律得到明显改善,特别是晚自习的课堂。对此,两科的老师曾多次对我表示过感谢,特别是有几次我在其他班上看自习,还抽空去看一下,两科的老师对此都有点感动了。除此之外,班主任定期和科任老师联系,也可以从科任老师那里得到很多有意义的建议以及一些未及时发现的不良苗头,这对班级管理大有好处。

带差班,科任老师也痛苦,此时需要我们之间真诚的相互帮助,而不是相互埋怨(科任老师埋怨班主任没有把班级管理好,班主任责怪科任老师连自己的课堂都管理不好)。真诚的相互帮助,能创造双赢的局面;而相互埋怨,只能导致两败俱伤。

（4）家长：不要逼迫他们当甩手掌柜

> 王老师没有用希望来鼓励小丽，也没有用希望来鼓励小丽的父母，更没有用希望来鼓励自己。大家都在做着没有希望的事情，所以大家都失败了。

不久前，在中国教师研修网上，我读到了广西南丹的王老师撰写的案例，先和大家分享一下（略有改动）。

我班有一名学生叫小丽，在一年级开学的第一天她就迟到了。当时，我看到他们父女俩在窗外走来走去，就走过去问："你叫什么名字呀？"她爸说："黄小丽。"我一看注册表，正是我们班的学生，于是赶紧把她迎进教室，并找个座位让她坐下。她坐定后，我对她说："把你的名字写给老师看一下好吗？"她翻了老半天书包，才拿出一个本子和一支笔，然后在本子上写下"黄小丽"三个字，我一看她写得不错，心中一阵高兴，以为得到了一个好学生。没想到一两个星期以来，她几乎天天迟到，作业也不交，而且头发也是乱糟糟的。她家到底怎么啦？这个学生到底有没有人管啊？我满肚子疑惑，于是决定对她进行第一次家访。

有一天放晚学后，我和小丽一同来到她家，一进门，发现屋里乱糟糟的。她妈妈和她弟弟（还不满一岁）在床上看电视，见我进来有点莫名其妙。经过我的介绍，她妈妈知道我是黄小丽的老师，就问："有什么事吗？"我自己找个凳子坐下后说："你家小丽这两个星期里早上总是迟到，作业也经常不交，我想来看看到底是怎么回事。"她妈妈有点惊奇地说："是吗？我都不知道，早上喊她起来，她总是赖床不起，晚上叫她写

四、带好差班的原则：有底线，有人情味

作业，她总是说没有作业，你看她，总是骗我。"她妈妈说着象征性地拍了小丽的屁股一下。我说："小孩子的话你怎么能完全相信呢？她讲没有作业，那你就叫她读书，或是抄作业给你看，每天晚上都要叫她学习20分钟左右，以便养成良好的习惯。"然后我把学校的作息时间告诉了她妈妈，并且希望她妈妈每天记得叫她早起，然后就走了。经过一段时间的观察，小丽迟到的次数是少了，但学习习惯一点也没改变：作业仍是不交；课堂上叫她写作业，她不是说没有笔，就是说没有作业本，每次我都得向其他同学借笔给她用。我想，这样下去不是办法，于是我又进行了第二次家访，这次家访除了要求她妈妈每天帮她准备好笔外，还询问了小丽以前是在什么地方读的学前班，怎么一点好的学习习惯都没有养成。这时我才得知小丽根本就没读过学前班，难怪如此。于是，我又教她妈妈如何监督她学习等，之后我在学校经常注意教她如何规范地做事。可这些努力还是没有用，因为晚上布置的作业，她总是不交。于是我又进行第三次家访，这次她妈妈推脱说"没有时间管"。就这样，第四次、第五次的家访也没用。

第二学期开学报名时，小丽只从窗外把学籍册丢到老师的办公桌上，至于她父母，我连人影也没见着。这个学期，她妈妈在街上卖菜，更没时间管她了。就这样，一年级上完了。二年级第一个学期开学时她爸爸带她来报名，我对她爸爸说："你家小丽呀，难办喔！一点学习习惯都没养成，作业总是不交，晚上回去你们要多抽时间……"我话还没说完，她爸爸就打断我说："不管她，读完普九就算了，反正以后她也是要嫁人，嫁了人她就是别人家的人了，我们不理那么多。"听完她爸的话，我无奈地说："既然你们家长都那么说了，我们作为老师的还能怎样？也只有这样了。"

传统的"重男轻女"的思想观念使得父母不重视对女儿的教育，家校沟通的失败造成教育的失败，可悲呀！

在叙述完事件后，王老师对此事的反思只有最后那么四十来个字，在王老师这么简单的反思中，就有这么一句"家校沟通的失败造成教育的失败"。应该说，王老师反思到点子上了，造成最后这种不乐观的结果，家校沟通的失败应是重要原因。然而，家校沟通为什么会失败呢？从行文来看，王老师显然把原因全部归结在"传统的'重男轻女'的思想观念使得父母不重视对女儿的教育"上。我觉得，这样的归因是欠妥的。不可否认，"传统的'重男轻女'的思想观念使得父母不重视对女儿的教育"这一点也是导致家校沟通失败的原因，但并不是主要原因。家校沟通失败的主要原因，我想应该在王老师身上。

为什么这样说呢？

首先，第一次家访的成效还是比较"突出"的，但是王老师并没有对此给予足够重视。开学初，"小丽几乎天天迟到"，而第一次家访后，"小丽迟到的次数是少了"。小丽为什么不像原来那样频繁迟到了呢？因为在第一次家访时，王老师"把学校的作息时间告诉了她妈妈，并且希望她妈妈每天记得叫她早起"。这样看来，王老师的第一次家访是有效果的，小丽进步了，家长也是配合班主任的工作的。但是，王老师把目光局限在"学习习惯一点也没改变"上。于是"问题"成了第二次家访的首要内容，王老师失去了一次使家校沟通更和谐的契机。

其次，家访的目的，除了沟通问题之外，还要捕捉重要信息。王老师把第一次家访的"成果"忘记了，带着诸多问题第二次走进了小丽家。这一次家访，王老师获得了一个重要信息："小丽根本就没读过学前班。"

对此，王老师发出"难怪如此"的感叹后，既"教她妈妈如何监督她学习等"，又"在学校经常注意教她如何规范地做事"。看得出来，王老师从这个信息中还是得到了一些启示的，并且还付诸行动。但是，我认为，王老师对此信息的发掘还不够。在第一次家访时，王老师看到了"屋里乱糟糟的""她妈妈和她弟弟（还不满一岁）在床上看电视"等情况，这样一结合起来就可以发现：家长既没有足够的时间来监督、辅导小丽，也不是太重视小丽的学习。在这种情况下，王老师还把改善小丽学习习惯的重任交给小丽的家长，就显得没有多大实际意义了。

最后，面对孩子，家长更需要看到成长的希望，孩子成长的希望能让他们对教育充满热情和动力。王老师在进行第三次家访时，小丽妈妈推托说"没有时间管"——"没有时间管"是实情，但是在第一次、第二次家访中，小丽妈妈并没有说这样的话。一年级第二学期开学时，王老师连小丽父母的人影都没有看到，而第一学期开学时，小丽爸爸是送小丽去上学校的——这里的原因可能有多种，但值得注意。二年级第一个学期开学时，小丽爸爸在还没有听完王老师的话时就打断她说："不管她，读完普九就算了，反正以后她也是要嫁人，嫁了人她就是别人家的人了，我们不理那么多。"——至此，小丽的父母几乎对小丽的学习彻底放弃了，同时开始有意"逃避"王老师了。现在把始末的情况回顾一下：最初，小丽的父母比较配合班主任的工作，对小丽的学习也比较在意；最后，小丽的父母对王老师的话语已经有点厌烦了，对小丽的学习几乎也完全放弃了。为什么会有这样的变化呢？在我看来，就是因为小丽的父母既看不到小丽成长的希望，也看不到自身努力产生效果的希望——做一件几乎没有任何希望的事情，很多人都会消极怠工的。王老师没有用希望来鼓励小丽，也没有用希望来鼓励小丽的父母，更没有用希望来鼓励自己。大家都在做着没有希望的事情，所以大家都失败了。

我从不反对班主任和家长经常联系，但是我反对班主任在家长面前总是说学生的问题，这既是在惩罚学生，也是在惩罚家长。长期惩罚的结果只能是让家长感到彻底失望，从而不得不在班主任面前当甩手掌柜。

温馨提示

不要把自己变成"恶人"

班级带得好，学生高兴，家长高兴，科任老师高兴，班主任自己也高兴；班级带得差，学生不高兴，家长不高兴，科任老师不高兴，班主任自己也不高兴。

一个班级，至少牵涉到学生、家长、科任老师以及班主任等四方或精神或物质的利益。在这个利益集体中，班主任无疑是集体的核心，班主任可以直接和学生、家长、科任老师等三方沟通，既拥有班级建设的更多主动权，也承担着班级建设的更多义务。在这个利益集体中，班主任是组织者、协调者、引导者和服务者，这个利益集体能否形成统一的目标，能否把各自的力量用在同一个方向上，就看班主任怎么去组织、协调、引导和服务。这种"四合一"的局面的形成，一个外在的标志就是学生、家长及科任老师等三方大力支持班主任的工作。如果学生痛恨班主任，家长埋怨班主任，科任老师责怪班主任，那么班主任这个孤家寡人是无论如何也做不好工作的。我们千万不能把自己变成这样的"恶人"。尤其是带差班，我们更需要他们的支持，我们更不能把自己变成"恶人"。

怎么才能把我们变成"好人"呢？

在学生面前，我们要让他们看到：我们不会因为他们的错误而滥用我们的权力使他们的身心均受到伤害；我们所做的，仅仅是以对他们的成长是否有帮助为依据。

在科任老师面前，我们要让他们看到：在他们遇到困难时，我们会毫不犹豫地站出来，不仅理解他们，而且尽心帮助他们；我们所做的，必须遵守真诚合作的原则。

在家长面前，我们要坚决地告诉他们：他们的孩子有进步的希望，他们的努力有收获更大成功的希望；我们所做的，目的和家长完全一样。

五、带好差班的支柱：力量用在刃刃上

 **故事导读**

请把大铁球荡起来

  一位全国著名的推销大师即将告别他的推销生涯，应行业协会和社会各界的邀请，他将在体育馆做告别职业生涯的演说。那天，会场座无虚席，人们在热切地、焦急地等待着那位推销大师做精彩的演讲。

  大幕徐徐拉开，舞台的正中央是一个高大的铁架，上面吊着一个巨大的铁球。一位老者在人们热烈的掌声中走了出来，站在铁架的一边。他穿着一件红色的运动服，脚下是一双白色胶鞋。人们惊奇地望着他，不知道他要做出什么举动。

  这时，两位工作人员抬着一个大铁锤放在老者的面前。主持人这时对观众讲："请两位身体强壮的人到台上来。"好多年轻人站起来，转眼间已有两个动作快的跑到台上。老人这时开口和他们讲规则，请他们用这个大铁锤，去敲打那个吊着的铁球，直到把它荡起来。一个年轻人抢着拿起铁锤，拉开架势，抡起大锤，全力向那吊着的铁球砸去。一声震耳的响声，那铁球动也没动。他就用大铁锤接二连三地砸向铁球，然而很快他就气喘吁吁了。另一个人也不示弱，接过大铁锤把铁球打得叮当响，可是铁球仍旧一动不动。

　　台下逐渐没了呐喊声，观众好像认定那是没用的，就等着老人做出解释。会场恢复了平静，老人从上衣口袋里掏出一个小锤。他用小锤对着铁球"咚"敲了一下，然后停顿一下，再一次用小锤"咚"敲了一下。人们奇怪地看着，老人就那样持续地做着。10分钟过去了，20分钟过去了，会场早已开始骚动，有的人干脆叫骂起来，人们用各种声音和动作发泄着他们的不满。老人仍然锤一下、停一下地工作着，他好像根本没有听见人们在喊叫什么。人们开始离去，会场上出现了大块大块的空缺。留下来的人们好像也喊累了，会场渐渐地安静下来。大概在老人进行到40分钟的时候，坐在前面的一个妇女突然尖叫一声："球动了！"霎时间会场鸦雀无声，人们聚精会神地看着那个铁球。那球以很小的幅度摆动了起来，不仔细看很难察觉。老人仍旧一小锤一小锤地敲着，人们都静静地听着那小锤敲打铁球的声响。铁球在老人一锤一锤的敲打中越荡越高，它拉动着那铁架子"哐、哐"作响，它的巨大威力强烈地震撼着在场的每一个人。终于，场上爆发出一阵阵热烈的掌声，在掌声中，老人转过身来，慢慢地把那把小锤揣进兜里。

　　差班的诸多问题，就宛如那吊着的大铁球，我们要想把它荡起来，只有找准方向用巧劲，而不能毫无计划地用蛮力。

1. 不要被"刺头"牵着鼻子走

（1）错误：有些错误可以不计较

> 教学需要考虑学生的最近发展区，德育同样需要考虑学生的最近发展区：我们在心目中为学生设置的德育目标，也应该让学生跳一跳就可以达到。

每一个差班，几乎都会有个别"特别牛"的"刺头"。在我班就有不少这样的刺头，我们先来了解一个名叫"小志"的"刺头"的故事吧。

小志是一名高二理科班的男生，个子不高，身体不胖，话也不多，但心里想的事情可真不少，只是不包括学习。不想着学习的小志，一进入高中就觉得闲得慌，于是在课间到各个班级门口去转悠，不为别的，就为了寻找能让他心动的"美女"。功夫不负有心人，小志很快就在同年级的其他班级找到了让他心动的女生。小志并不认识这位女生，直来直往地向女生要联系方式也不太好，于是小志就托关系，通过初中同学获得了那名女生的QQ号码。小志的同学爱起哄，一下子把小志的"隐私"传了出去，忽然间全年级学生都知道小志喜欢那名女生了。这一点小志倒不怎么在乎，关键是那名女生对小志不怎么感冒，小志不管怎么"死缠烂打"，人家就是不动心。这一下招来很多围观看笑话的男生，其中一名男生竟然在女生的QQ日志上留言，说什么"女生看不上小志"等挑衅性话语。经过明察暗访之后，小志确定了那名挑衅他的男生是谁，在某一天放学的路上，喊了几个人，把那名男生揍了一顿！这名男生也聪明，知道是小志找人打他的，再加上小志以前已经因为打架、逃课、破坏公物等违纪行为而得到了不少处分，于是想通过正常渠道来整小志一把。这么想的时候，那名被打男生去学校政教处把小志告了，而他的父亲，更是吵着闹着要报警。

为了更好地解决这件事情，小志那常年在外做生意的爸爸，忙不迭地从外地赶了回来。当双方家长到齐后，那名被打的男生详细地把事情的来龙去脉说清楚了，并且承认自己在网上那样留言是不对的，但即便不对，小志也不能找人围殴他，虽然伤得不重，但性质比较恶劣！那名被打男生的爸爸，更是抓住了这一点，说什么这是聚众群殴，如果报警了，小志是要被判刑的。的确，如果人家报警了，事情也就闹大了。事情到了这一步，小志如果聪明的话，赶快承认错误就是了，但他就是死不承认，不管怎么劝说，小志就是无动于衷。这么僵持了半天，那名被打男生的爸爸，起身就要去报警。小志的爸爸见此情景，气急败坏之下抽了小志两个耳光。小志以前可能很少见过这种阵势，被抽了两耳光的他开始老老实实地交代事情了……事情处理的结果是：小志公开向那名被打的男生道歉，并且被勒令退学！(民办学校最怕学生在校外打群架，影响极坏。)

接下来，小志的爸爸也不忙着做生意了，而是忙着上下托关系、求情，目的只有一个：让小志把高中读完。然而，这件事情并不是那么好处理，小志的爸爸到学校来了十几趟，电话打了无数次，就连小志的爷爷也过来求情。学校心软了，反正勒令退学了还要退给他费用，就不如送个人情再给他最后一次机会。这样，小志又回到学校了。在回到学校以前，小志曾信誓旦旦地向他爸爸保证：他要努力学习。

然而，回来之后，小志依然不学习，甚至上课时连课本都不拿出来，就更不要说专心听课、认真记笔记了；就连课间十分钟，也经常和几个"狐朋狗友"到其他班级乱窜。有一次，他无故想要回家，他爸爸不允许，他竟然在电话里骂他爸爸"傻逼"，而且在手机里直接把他父亲的号码屏蔽掉，害得他父亲担心极了。

就是这么一个刺头，要是用一个学生的标准来评论他的话，他可以算是满身问题。对这样的学生，如果我们严格要求他在各方面都做得完美无缺的话，既不符合教育规律，同时也不可能实现。教学需要考虑学生的最近发展区，德育同样需要考虑学生的最近发展区；我们在心目中为学生设置的德育目标，也应该让学生跳一跳就可以达到。通俗地讲，对比较差的学生来说，我们必须降低对他们的要求。

这里的降低要求，并不是对其睁一只眼闭一只眼，更不是不管不问，而是为了更切合实际地来引导和帮助差生。

当然，我们对那些差生降低要求，只是在一些"看似重要，实则无意义"的方面，而不是在一些原则和底线上做出让步。

比如，从课堂纪律这一方面来说，不管是差生还是好生，都不能随意地顶撞老师、扰乱课堂，这是课堂教学得以正常进行的保障，也就是课堂管理的底线或原则。不管是谁践踏了这条底线，都要被及时处理。对想学习的学生来说，他们在课堂上就要专心听课、认真记笔记，因为他们想学习，做到"专心听课、认真记笔记"对于他们意义重大，他们就不能在老师讲课时随意看课外书；但是对一点也不想学习的学生来说，虽然"专心听课、认真记笔记"是对学生的起码要求，但是即便这些学生贡献两只耳朵来听课，那些知识点也会"刚从他们的左耳朵进去，很快又从右耳朵出来了"，根本不会在脑海里停留，更谈不上能听懂了，此时我们再要求他们像想学习的学生那样做，就没有多大实际意义，还不如让他们看一些课外书现实一点呢，因为问题已经不在于听不听，而在于想不想听（如果我们有足够的把握来解决他们不想听的问题，那么我们可以利用这些错误来做一些事情）。不想听，听了也白听。这样，退而求其次，让他们看看课外书，或许意义更大点。

对每一个差生来说，可能都存在这样那样的问题，在经过长期观察和认真分析的基础上，我们一定要对差生的问题进行分类：哪些是可以改变的，哪些是很难改变的；哪些是无关紧要的，哪些是涉及原则和底线的；哪些是假问题，哪些是真问题……当我们做出这样的分类之后，我们就会发现：差生的有些错误，是可以不计较的。

（2）关系：不要轻易搞对立

> 我很庆幸，我没有那么做。因为我一旦那么做了，不仅不能使焕焕从内心深处认识到自己的错误，而且还会使焕焕和我对立起来。

焕焕的爸爸常年在外地做生意，焕焕一般是寄居在他外婆家。焕焕的行为习惯不太好，时常逃课、旷课，有时还会打架。焕焕的爸爸对焕焕不放心，开学初，他亲自来学校找到我，请求我无论如何要多关照焕焕，并且经常把焕焕的表现告诉他。

有一天晚上，我到寝室去查寝。生活老师告诉我408寝室（焕焕就在408寝室）有学生吸烟，而且总有外班的学生跟着。据生活老师说，外班的那个学生叫×××，这个学生我认识，在整个年级都比较有名，是出了名的刺头，而且和焕焕原来在同一个班级。这样一说，我感觉吸烟的学生可能就是焕焕了，因为408寝室的其他学生平时表现都挺好的。我把408寝室的寝室长喊出来问问情况，虽然他没有直说，但是我从他的言语之间可以感觉到吸烟的学生正是焕焕。

当掌握这些信息之后，我并没有急着找焕焕谈这个问题，我请生活老师多留意，下一次再有吸烟的情况发生，便立刻告诉我。我要等一个比较合适的机会。机会很快来了，一天早上，生活老师在408寝室的阳台上发现了一个"中华"烟盒。此时，我想就此事和焕焕谈一谈。

怎么谈呢？我做了下面这样的预案：

焕焕的问题比较多，对班级的影响比较大。对他这样的学生，我不想把彼此的关系弄僵，否则以后的工作就不太好做了。即便这次谈话没有达到预定目标，也不能因此使师生关系变得恶劣。这是这次谈话的底线，也是最低的目标。

首先，虽然焕焕有点油滑，但是我在他面前还是有一定威信的，从以前的经历来看，他在我面前一般都是有一说一有二说二的，不会诡辩。鉴于这种情况，我不需要和焕焕啰唆什么，谈话应直奔主题为好。

其次，在一次闲聊时，焕焕曾跟我说过，他能感觉到父母对他的关爱，也能体会到父母的辛劳，我相信他说的是真心话。鉴于此，"亲情牌"是可以打一下的，但是要把握好度，不能太过火。

最后，如果事情不是朝着我预设的方向发展，那么就当此次谈话纯粹是为了提醒他一下，千万不可"强攻"。鉴于此，我要给这次谈话提供更多的收场方式，万一双方僵持不下，那么我要避重就轻，主动退出。

当想了这些之后，我把焕焕喊进了办公室，当时办公室里只有我们两个人。

"焕焕，开学初你爸爸来找过我，这件事你知道吗？"待得到肯定答复后，我继续说道，"你爸爸找我有什么事情呢？因为他常年在外地做生意，对你非常挂念，所以他让我每隔一段时间跟他说一说你的表现。现在刚好半个月了，我打算跟你爸爸说说你的情况。"听说此话，焕焕略显紧张地看着我。

我平静地说道："我想这么发一条短信：比较尊敬老师，同时也没和同学产生过冲突；逃课、旷课的次数也减少了；但是，课堂状态比较糟糕，成天昏昏欲睡的，几乎没有一节课认真学习过，严重的是，还伙同外班同学在寝室内吸烟……"

当听到"吸烟"时，焕焕急忙打断我的话，狡辩道："老师，我没有吸烟啊！"

"呵呵呵！"我冷笑几声后，平静地说道："你有没有吸烟你自己心里清楚，就不需要在我面前狡辩了。"

"我的确没有啊！"焕焕继续狡辩。

"我不想去调查这件事情，对于我来说，你承认不承认都无所谓；你骗我可以，但是你不要骗你的爸爸，更不要骗你的良心！你到底有没有吸烟？难道你敢发誓你没有吸烟吗？"我厉声质问道。

"同学递给我的，我又不能不接着，然后就跟着吸了。"焕焕承认自己吸烟了，显得有点委屈。

"如果我现在把这条短信发过去，你可以想象一下，你爸爸是什么反应。其实，偷偷摸摸吸烟有什么好处呢？好玩，还是耍酷？我想都没有吧。很多成人都不吸烟，我不吸，你爸爸也不吸。这样看起来多文明啊。"说着，我把手机递给他，继续说道："手机现在交给你，你现在以我的口气，给你爸爸发一条评价你的短信。"

"怎么发呀？"焕焕问我。

"你感觉怎么合适就怎么发。"我答道。

过了一会儿,焕焕把手机递给我,让我看他编辑的短信行不行:"比较尊敬老师,其他常规方面做得尚可,但是课堂状态不佳,总是昏昏欲睡的。"

"我无所谓。你认为行,我就发了?!"看到他点头,我就按"发送"把短信发了。

"呵呵呵!"我笑了一下继续说道:"你爸爸真可怜,如果我们坚持这样做下去,我们可能会把他玩弄于股掌之间!现在我感到有点对不住你爸爸。还是那句老话,我真心希望你能表现得更好一点,多受到一些表扬,那样不仅你爸爸会高兴,我这个班主任也会高兴,当然你自己也会高兴!就这样,你回去吧!"

现在想来,我对这件事情的处理还是感觉比较满意的。当时,我脑海中还有另外一种一闪而过的想法,就是焕焕一旦承认他吸烟了,我就立刻把他拉到学校政教处。因为他前面已经受到不少处分了,再加上在寝室吸烟是大错,这样一来,他可能就被"劝退"了;即使最终他不会被劝退,也会让他爸爸从外地大老远回来一趟,这样让他经历一次"劝退"的过程,可能会让他体会得更深一点。我很庆幸,我没有那么做。因为我一旦那么做了,不仅不能使焕焕从内心深处认识到自己的错误,而且会使焕焕和我对立起来。

在带差班的过程中,类似焕焕这样的学生不少,类似这种"吸烟"的事情更多,如果我们处理一件这样的事情就和一个学生对立起来,那么我们以后的工作会有多么难做啊?另外,我们以后的任何教育工作,又怎么能被和我们对立的学生接受呢,更不要说深入人心了。

2. 巧妙应对问题生

> 差生心目中的"正常人"的标准和我们心目中的可能不一样。面对差生，我们不要总想着"教育改造"他们，而应该多给予他们理解、宽容和支持。

案例：如何教育转化"超级问题生"

一、"超级问题生"简介

小伟（化名），男生，17周岁，身高170厘米；就读于民办高中二年级理科普通班（4）班；成绩全班倒数第三，但比较聪明；性格比较暴躁；善于强词夺理；几乎对所有老师都没有什么好感（同寝室同学语）。

二、"超级问题生"特殊之处

1．父母离异，小伟归父亲抚养，但爸爸娶新妻后将小伟直接丢给爷爷奶奶，小伟从小便一直居住在爷爷奶奶家。

2．爷爷奶奶对小伟很宽容，但是爸爸及后妈对他比较厌烦，甚至向班主任说出这样的话："老师，求求你了，你能不能对他睁一只眼闭一只眼啊？我们对他实在没有办法了。你们要是开除他，我们也同意！"（注：不是气话，也不是故意踢皮球。）

3．小伟对其爷爷很好，多次犯错都不想让爷爷知道，怕爷爷生气；

对爸爸感情一般，对后妈比较反感。

4．家里很有钱，爸爸与后妈经营着一家公司，爷爷经营着另一家公司，亲妈也经营着一家公司，据他爷爷说，其家庭资产总值超过一千万元。

5．相对来说，不管是其爷爷奶奶，还是其爸爸后妈，均非常通情达理，并极力配合学校及班主任的工作。

6．我校（民办学校）一般不开除或者劝退任何一名学生，即便学生打架、斗殴、恶意顶撞老师等。

三、"超级问题生"的"事迹"概述

1．晨跑、课间操等隔三岔五参加一次，每当班主任询问其缘故时，他总会说"本想参加，但突然间肚子很疼，刚好急着去上厕所"。

2．经常上课铃声一响才去上厕所，理由为"突然间肚子疼"。

3．上课时基本是在睡觉或看课外书（除我的课外），上课半个月以来，唯一的一支圆珠笔是我送给他的；除了班主任所任教学科外，其他学科的作业几乎从未交过一次。

4．进入我班之前，在原来的班级，曾在课堂上辱骂过英语老师；进入我班之后，曾和语文老师、数学老师发生过不太严重的语言争执。

5．自从我担任他的班主任之后，我们之间发生过两次冲突：第一次，上课铃声响后，他还在办公室吃东西，我有点生气，就呵斥他出去，他一慌张，把吃的东西弄掉在地上，然后气愤地哭起来，并且说我不尊重他；第二次，本学期开学时，他有一天早上没起床（没晨跑，也没早读），一下子睡到第一节课快结束，我让他到办公室，严厉地批评了他两句，他竟然向家长告状说我打他！（好在家长通情达理，这件事情很快被平息了，要不然我就被他害惨了。）

6．在校内校外多次吸烟。校外吸烟的情况是这样的：上学期他的地理会考没过关，需要补考。在外校补考期间，他在外校的教学楼旁大模大样地吸烟，被外校的校长逮个正着，回校后我校校长亲自参与了对他的"审讯"。

"我犯了什么错误？"小伟质问校长。

"吸烟啊！"校长感到莫名其妙。

"我是吸烟了，可这触犯了什么规定？"小伟明知故问。

"我们学校规定学生不准吸烟。"校长压抑着情绪，平静地解释着。

"哦，你是说我触犯了校规吗？"小伟诡秘地一笑。

"是啊。"校长说。

"什么叫校规？校规就是学校的规定，这只能在学校范围内使用，我是在学校内部吸烟吗？！"小伟狡辩着。

"你给我抠字眼是吧？"校长已经很愤怒了。

……

（在本次审问中小伟获胜，已经试读的他继续留校。）

7．他爷爷曾当着他的面对我说："我已经对他彻底失去信心，他连社会上的小混混都不如！"当听到他爷爷这么说的时候，小伟双手抱着头，低下头后轻轻地苦笑一声（我认为这个细节可以说明小伟的内心还是比较苦闷的，或许包括他爷爷在内的所有人都不理解他，而他可能在内心并不认为自己就是这种形象）。

8．我和他之间曾有这样的对话：

"自从进入高中以来，你爷爷因为你犯错经常来学校。在分班之前，我就曾多次看到你爷爷和你以前的班主任在谈话。你爷爷毕竟是六十多岁的人了，老是让他因为你犯错而来学校也不太好吧？"

"我也感觉挺对不住他的。"

"那你怎么就不收敛一些呢?"

"我也想啊,但是学校连睡觉都不允许!"

"这可是学校啊,你也是学生啊,除了抽烟、睡觉,难道你就不能尝试着努力学习啊?"

"我也尝试过,但是我对学习真的一点兴趣都没有。"

"那你对什么有兴趣啊?"

"我也不知道。"

"还有将近两年的时间呢,难道你就这样浑浑噩噩地活着?"

"可是我真的不知道自己该怎么做。"

"你最起码可以读一些书吧,比如历史书、文学书及名人传记等。"

"没兴趣。"

……

9. 他进入我班之后,和他在以前班级的表现差不多,没有明显改善,也没有变得更加糟糕。

四、"超级问题生"与我

在进入我班之前,小伟每次见到我都会问好(我和他原来的班主任同办公室,而他是办公室的常客),应该说这个孩子还是很有礼貌的。

进入我班之后,为了能够和他多交流,我委任他担任化学科代表(我是化学老师),客观地说,他学习化学还是比较认真的(相对于其他学科)。对他动之以情、晓之以理的事情我做得也比较多。

我曾经试图给他做词语联想、早期记忆、五项图之类的测试,但是他所提供的文字资料比较少,缺失有效信息,几乎无用。

一直以来,他在我面前都是恭恭敬敬的,就算是我们之间发生上述两次冲突之后，他也从来没有像在校长面前那样嚣张过，我自认为在他面前还是有一定威信的。

这学期开学后，他的情况没有什么好转，而我的课又多（每周正课20节，晚自习几乎每天都是满满的），我本人的脾气比较急躁，鉴于目前没有什么好的教育方法，我最近一段时间都在有意地"冷落"他，甚至很少和他说话。但是，我并没有闲着，而是在班会课等时段有意地点到他的一些事情，不是指桑骂槐，而是隐晦地借助他的一些事例说一些做人的道理或者解决相应问题的方法，比如"公共场所与公德"、"人生规划与痕迹"、"行为习惯与规则"等。

五、研讨问题预设

1．从提供的材料来看，小伟的心理特征是怎样的，你判断的依据是什么？造成他具有这种心理特征的原因有哪些？

2．面对类似小伟这样的学生时，班主任应该有一种什么样的心态？

3．对于这类"超级问题生"的教育转化，是否有一些有效的非常规手段？其依据是什么？或者说，在我校这种环境，面对小伟这样的"超级问题生"，班主任以后怎么和他打交道才更和谐有效？其依据是什么？

六、研讨过程

1．从提供的材料来看，小伟的心理特征是怎样的，你判断的依据是什么？造成他具有这种心理特征的原因有哪些？

（1）消极方面。

江西邱林：父母离异所带来的亲情缺失令他产生不安全感，这种不安全感使他通过一些不良行为来引起父亲的注意，加上爷爷奶奶隔代的溺爱，致使这些不良行为得到了强化，久而久之便成为不良习惯了。

河南卢民选：因为家庭破裂，在他的心里，他对爱持否定态度，所以他会固执，同时可能还会认为别人都在和他作对，进而他想尽一切办法去强词夺理并以此来"保护"自己。

湖南刘令军回河南卢民选：正因为如此，说明他以自我为中心。只有自己才是对的，别人都是错的。

辽宁孙玉红：因为长期缺少父母的正确引导，这在一定程度上造成了他的为所欲为。这也是他内心孤独的表现。

安徽赵坡回辽宁孙玉红：是的，他的内心是比较孤独的，或者说他认为别人都不理解他。正因如此，在我们看来，他一系列的表现都显得那么叛逆。我们之所以觉得他比较叛逆，可能正是因为我们未能准确把握他做事的心理或动机。

甘肃李鑫：除了任性、偏执以及认知能力狭隘之外，他还存在身份认同问题，即他对自己的评价存在问题，这一点从事迹7可以看出。他已经默认了爷爷对他的评价或者社会对他的评价，如此他才会以和"小混混"一样的做法来证明。

安徽赵坡回甘肃李鑫：我感觉他并没有默认其他人对他的评价。因为他在听到他爷爷对他的评价时，曾"苦笑"。这个细节算不算一种反抗或者不认同？

甘肃李鑫回安徽赵坡：他的行为正在证明这种评价和认同，我引用你的话正是为了说明他对自己的认同。

安徽赵坡回甘肃李鑫：这是不是说明他内心也比较矛盾呢？事实上他也不想变成这样。

甘肃李鑫回安徽赵坡：有这个矛盾，但他已经给自己定了位，因为他尚无能证明他不是这样的人的行为和言论。

湖南刘令军回甘肃李鑫：他已经把自己当成了一个坏学生。

甘肃李鑫回湖南刘令军：是的，他正是在努力向坏学生看齐。

江西邱林：事实上，从赵坡老师说的这个细节来看，他还没有放弃，内心有挣扎，但很无奈，因为他还没有找到证明自己的方法。

（2）积极方面。

安徽赵坡：请大家说一说他积极的方面，或许这就是教育他的希望。

甘肃李鑫：一是并没有完全自暴自弃，或者说固化"小混混"的身份；二是依然遵从大众的评价和可接受性，其社会化依然在进行；三是他依然看重亲情、善良和爱。

湖南刘令军：其实他有向善的愿望，但是总满足不了大人们的要求。

安徽赵坡回湖南刘令军：我赞同刘老师的看法，其实这也是人性使然。

（3）深层原因。

安徽赵坡：那么，大家认为造成他这种心理的根源在哪里呢？

甘肃李鑫：家庭环境是其一，当然也有基因的问题。

江西邱林：父母离异是第一个根源；愧疚心理造成家庭教育偏差，尤其是祖父母的溺爱。

上海陈怡：其实你们忽略了一点，他后妈对他的态度也是一个很重要的原因。

2. 面对类似小伟这样的学生时，班主任应该有一种什么样的心态？

（1）直接面对小伟的心态。

湖南刘令军：不急躁心态，不要特别关注他。

江西邱林：宽容，不要急于改变。

甘肃李鑫回江西邱林：对，不急于改变。我的观点是，班主任要少一点改造思想才好。

深圳方庆：理解他，支持他。

五、带好差班的支柱：力量用在刀刃上

河南卢民选：先尝试深入他的内心，然后找到合适的切入点，进而感化他。

江西邱林：平和，不急于改变。另外，要更深入地了解他，等待教育契机。没有好的教育时机时，还是不要出手为好。

（2）班主任因小伟而面对其他学生的心态。

安徽赵坡：小伟对班级的影响很大，因为我带的班是一个比较差的班级，学生的习惯普遍较差。我的纠结在于，如果我对小伟因材施教，那么其他学生会不会对我有看法，因为小伟对班级的危害性很大。我对小伟的所作所为——更多的理解和宽容，应该如何向其他学生解释？难道这样说——小伟的情况特殊，我要给予他更多的理解和宽容，而你们，就必须接受严格规范的约束？举个简单的例子，小伟今天没有晨跑，张三也没有晨跑，我该怎么处理？

甘肃李鑫：向学生解释的过程，也是阐述你班主任理念的时刻，其实赵坡老师不必担心学生不理解你的用意，因为批评或者通报的主动权都在你这里。

安徽赵坡回甘肃李鑫：问题是，小伟的事情要不要通报？通报了没有任何意义，我不想通报小伟。而对于其他学生，通报一下可能就会产生一些效果。

甘肃李鑫回安徽赵坡：我说了主动权在你手里，解释权也在你手里。无论你是否通报，你都要做出合理的解释，并不是说不可以通报。

深圳方庆：按照李鑫老师的理论，没跑步的问题，就可以不通报。

安徽赵坡回甘肃李鑫：李老师的意思是，我只要顺着教育规律，其他随他而去？

甘肃李鑫回赵坡：我好像不是这个意思。你通报不通报，你的解释都是你对自己的班主任理念的阐述。刚才的这些讨论是围绕你"要向其他学生解释你对小伟的教育方法"而展开的。

安徽赵坡回甘肃李鑫：是的。虽然直到现在也没有任何一位学生因为小伟的事情而明晃晃地埋怨我，但是我认为我有必要向全班学生解释清楚——我所想的，不是偏不偏心、敢不敢、愿不愿意的问题，而是对学生的成长有没有帮助的问题。

甘肃李鑫回安徽赵坡：这就合适了。

安徽赵坡：我的担心就在这里，学生能理解我的心情吗？他们会不会误解我？

甘肃李鑫回安徽赵坡：那就要看你怎么解释了。同样是未晨跑，一个通报，一个不通报，只要你能解释得通就行。

3．对于这类"超级问题生"的教育转化，是否有一些有效的非常规手段？其依据是什么？或者说，在我校这种环境，面对小伟这样的"超级问题生"，班主任以后怎么和他打交道才更和谐有效？其依据是什么？

（1）教育目标。

甘肃李鑫：班主任在对这个学生产生改变的想法时，请先考虑一下，你想把他改造成一个什么样的人？

安徽赵坡回甘肃李鑫：我对他的目标是——承认现实，然后努力改变自己的现状，不再破罐子破摔了，并开始尝试过一种"正常人"的生活。

湖南刘令军回安徽赵坡：这个定位比较好。

甘肃李鑫回安徽赵坡：老师眼中的"正常人"可能与学生眼中的不一样。以谁的为标准？改变自己的什么现状，达到什么样的状况？这就是我刚才说的意思。

安徽赵坡回甘肃李鑫：但最基本的做人的道理是一样的。

江西邱林：在正常人的范围内就变得正常了。

安徽赵坡：李鑫老师的说法值得思考，受家庭环境、时代文化以及成长经历的影响，老师眼中的正常人的标准和学生眼中的正常人的标准可能并不一样。很多老师都想用"品学兼优"的模子来雕刻每一位学生。我们为问题学生设定的教育目标，要兼顾问题学生本身的实际情况。

（2）教育原则。

甘肃李鑫：我的观点是，班主任要少一点改造思想才好。

上海陈怡：人能改造吗？其实人是很难改变的，外部环境很难改变一个人。

江苏周永发：是难，但在好的氛围中可以转变，当然最大的力量还是来自他们自身。

江苏周敏：慢慢影响，变消极为积极。

江西邱林：得到正常人应有的尊重和信任，以此来提升他的自我认识和自信心。

甘肃李鑫：理解、支持、陪伴——也许大道理孩子都懂，他需要的只是理解、支持、陪伴。

深圳方庆：当你理解他、支持他、陪伴他，不想着处处规范他的时候，他很有可能就变得规范多了。

甘肃李鑫回深圳方庆：这本身也是一种有效的治疗方法。

安徽赵坡：大家的意思是，小伟的转变要靠他内心的自觉？

江西邱林回安徽赵坡：对！唤醒他内心的自觉。

甘肃李鑫回安徽赵坡：老师的任务之一就是唤醒学生的内心自觉。

深圳方庆：事实上，这不是内心自觉的问题，而是心理学的规律。

（3）教育策略。

深圳方庆：我们既要上天——把握科学理论；又要入地——解决实际问题。

江西刘大明：什么是非常规手段？一切非常规手段都隐含在常规中。

深圳方庆：也就是说，常规不常规，是从形式上分类的，解决问题需要合适的方法，无论是否属于常规。

深圳方庆：中医疗法，固本培元。我提供的手段既是常规的（对专业老师而言），也是非常规的（对水平一般的老师而言）。

先举一个例子。我经常感冒，鼻子塞得厉害，有炎症，我有时用通鼻子的喷剂，但好不了多久。后来我去看了中医，中医说我暑假打球流汗太多，肾气不足。宜静不宜动，先清除毒素，之后主要是补肾益气。开了几服中药吃了，大为好转。而现在，我只要出现流鼻涕等感冒症状，就泡枸杞、甘草茶喝，半天就没事了。

对小伟的教育，可以借鉴中医的疗法。

第一，把脉定诊，做好定位。这个孩子是一个婚姻失败家庭的受害者。父母离异是小伟问题的根本起因。学习问题、态度问题和纪律问题都是临场表征。教育好这个孩子应当固本定心，不宜舍本逐末，这是首要原则。背离了这个原则，教育基本上是无效行为。

第二，下药之前要清毒。清毒就是清除错误教育行为的负面影响。学生要接受老师的教育，首先要对老师不反感，有基本的信任。但我估计，尽管赵坡老师没有跟小伟很对立，但是，在小伟的心里，教师群体肯定还是一个负面形象。无论怎么样，要教育好小伟，先要关心帮助他。我给他的定位是"受害者"，老师就应该从帮助者的角度去帮助"受害者"。无论他做了什么坏事、恶事，老师都要从孩子本身的局限性和家庭的悲剧角度去怜悯、关怀。这样，老师们对小伟的批评、打击、伤害这些毒素才能慢慢清除。

第三，从亲情角度进行固本培元。一方面，赵坡老师可以指导孩子的家庭教育。主要是让其父亲、母亲多陪陪他。不需要父母给他很多人生指导，只需要多陪陪他，听听他的诉说，给予孩子心理上的支持。父母做甩手掌柜，是孩子发展不良的主要原因。批评打骂更是雪上加霜。另一方面，赵坡老师可以自己支持孩子，指导他成长。所谓支持，就是在孩子做了坏事之后，和他一起承担，帮助他解决生活难题，和他谈心，听他倾诉，一起运动，共同面对困难，所谓指导，就是让孩子理解父母离异之必然，理解父母在他们的能力范围内做出了最大的努力，明白作为一个青年人，不能系于家庭，不能因为父母而放浪人生，应该独立面对生活，创造属于自己的人生。

第四，做好其他的常规引导工作。当他在家里有爱的感受、对老师有信任、对人生有认识、对生活有希望的时候，想办法为他搭建一些可以锻炼成长、获取成功的平台。

黑龙江于海龙：要想解决问题，需要先了解几个问题。

1. 小伟的生母与小伟的关系怎样？（根据材料来看不乐观。）

2. 小伟的家长是不是给过小伟什么许诺并已告知小伟？（高中学业结束后的一些安排。）

3. 家长为什么对其厌烦？（其生活习惯、家庭角色、长期家校联系的评价或其他。）

4. 小伟和同学的关系怎样？

5. 小伟有什么明显的优点和特长？

6. 小伟对班主任老师是否信任？

这些信息对于问题的解决很重要。

甘肃李鑫：于老师的几个问题很值得思考，而这些问题也正是今后班主任采取对策的依据。

黑龙江陆焕杰：单亲家庭的孩子特别难教育，家长以为给他钱花就完事了。可是单亲家庭的孩子往往缺少的不是物质财富。父母离异后的孩子内心恐惧、抑郁、冷漠、自卑、孤独。

我觉得小伟虽然有种种问题，但是他并不是不可救药的，可以从以下几个方面来考虑。

1. 老师抓住小伟的闪光点表扬他，亲近他，让他看到自己的优点，并以此去克服自己的缺点。

2. 老师不要太急于求成，其实小伟自从你做了班主任之后已经发生了变化，至少没有和你发生在其他老师身上出现的那些冲突。要抓住这些细微的变化肯定他。哪个孩子都希望新老师或者新班主任能改变对他的认识和评价。

3. 老师创设一种氛围，让他感受到集体的温暖。"真教育是心心相印的活动。唯独从心里发出来，才能达到心灵深处。"人心都是肉长的，谁都怕感动。

4. 和家长沟通——作为家长，不但要给予孩子物质保障，还要经常和孩子沟通，以此来转变孩子冷漠的心理。

5. 老师的爱心、耐心、细心对转变问题生尤为关键。

（本文为"教育预案研究团队"第32期的研讨整理稿，本次研讨活动由赵坡老师提供案例且由赵坡老师主持。"教育预案研究团队"是由刘令军、方庆等老师发起而成立的民间班主任工作研究组织，其群号为125513205。）

3．大多数学生才是班级主体

（1）对象：不要忽略大多数学生

> 打个比方，我想把一个充满气的轮胎放完气，事实上只要把气门芯拔掉就可以了，但是我非要对整个轮胎拳打脚踢的，到头来，动静不小，效果全无。

先请大家来"分享"一下我以前做的一件蠢事。

那天，我们班一连发生了三件让班级丢脸的事情：早上晨跑进场时，我班队伍后排几个学生不仅跑得慢，而且跑得乱，我班因此被政教处老师在全校师生的面前点名批评；上午第二节课是生物课，小成在课堂上说话，生物老师在多次提醒无效的情况下就点名批评了他，没想到小成非但没有因扰乱公共课堂而感到羞愧，反而公然阴沉着脸对着生物老师说了一些本地话（生物老师是外地人，听不懂本地话，很明显，小成说的肯定不是什么好听的话），于是生物老师向政教处汇报相关情况，政教处将这件事情作为恶劣事件进行处理——从班级四项竞赛总分中扣除5分，并且在全校通报批评；午休时，总务处工作人员到班级检查门窗、日光灯、饮水机等是否关闭时，发现我班教室后排插座上有一个手机充电器，而且手机充电器还用几层塑料袋包裹着，这是多么危险的事情啊！刚好校长当时也在巡视，总务处工作人员随即把这一情况汇报给校长，校长下午见到我时，板着脸提醒我要注意做好学习目的的教育和用电安全教育。

这三件事情让我头脑发热，我的脑海里几乎全是炮轰学生的恶言恶语。上课铃声一响，我就铁青着脸，脚步沉重地走进教室，狠狠地把教参摔在讲桌上，缓缓地抬起头，用恶狠狠的目光扫视着全班学生，这样足足沉默了有1分钟。此时教室里安静极了，我可以听到自己急促的呼吸声以及心脏剧烈的跳动声。

"光荣啊，光荣啊，光荣啊！"我掷地有声地说道："大家真有本事，仅仅用半天的时间就让我们班级被政教处老师在全校师生面前点名批评，仅仅用半天的时间就让我们班级的四项竞赛总分被政教处扣除5分，仅仅用半天的时间就让从总务处到政教处、从政教处到校长室的诸多领导这么密切地关注我们！大家都是有能耐的人啊！我为有你们这样的学生而感到自豪、光荣、高兴！我现在就在想，未来的著名科学家、著名文学家、著名政治家、著名企业家中应该有多少是我们班级的学生啊！当然，我也感到自己很有本事、很有能耐，因为我培养出了你们这样出类拔萃的学生！"我越说越激动，越说越气愤，竟然有种想自嘲、想哭泣的感觉。

我在"夸奖"了自己之后，稍微顿了一下以便控制自己的激动情绪，然后又颇为伤感地说道："自从接手这个班级以来，我早出晚归自不必说，单是体重就从之前的70公斤降到了现在的60多公斤，当然，老师是教育工作者，理应为学生付出，但是同学们，老师在付出的同时又是多么希望你们能进步啊！然而，今天你们的表现的确让我非常失望。全校26个班级，为什么偏偏我们跑在最后？难道五楼教室的学生不比我们的路程更远吗？上课说话了，老师善意地去提醒你，本来提醒一次你就应该感到羞愧的，为什么还恶毒地去顶撞老师？关于手机，我已经不止一次地说过禁止在班级充电,你充充电也就罢了,为什么还要用几层塑料袋包裹着,你不知道这样做很容易引起电路着火进而酿成严重的电路火灾吗?事实上,这都是一些轻而易举就能做好的事情,但是大家却做不好,究其原因就是因为大家没把我们这个班集体放在心上。"

说完上述那些话之后,我又就班级最近出现的问题进行了发散性阐述。这样,当我说得口干舌燥准备不再啰唆下去时,我发现还剩下15分钟就要下课了。我强迫自己去讲课,但课堂完全变成了我自己的舞台,学生一丁点儿的配合都没有。当然,我也不知道自己讲了一些什么,甚至不知道自己有没有把知识点讲错……下课铃声一响,我连"下课"都没说就逃跑似的离开了教室……

这样的蠢事,在我之前的班主任工作中经常出现,但上面这一次是类似蠢事中的最后一次。这一次之后,我为什么就不做这样的蠢事了呢?因为自此我不仅发现这样做事显得很蠢,而且知道了蠢在哪里。

先来分析一下这三件事情:晨跑时,后排几个学生跑得慢、跑得乱,这件事情只涉及后排几个学生,而其他学生跑得都不错;小成顶撞生物老师,但其他学生并没有顶撞生物老师;教室后排插座上有一个手机充电器,那说明在教室充电只是个别学生所为,其他学生并没有在教室充电。而对于这三件事情,我是怎么处理的呢?我对全班学生几乎怒吼了一节课。

首先,这三件事情仅仅涉及几名学生,而我却对着全班学生怒吼,明显侵犯了其他学生的合法权益,而实际上其他学生本来是不需要陪着那几名学生受这份窝囊气的,因为人家又没有犯错,班主任凭什么对着人家大呼小叫的?如此一来,其他学生应该不会觉得我表现良好吧?这样做的打击面太大了,而且容易得罪人。

其次，对于那几名犯错的学生来说，我的这种大呼小叫能让他们知错改错吗？很难，因为这样做的针对性一点也不强。打个比方，我想把一个充满气的轮胎放完气，事实上只要把气门芯拔掉就可以了，但是我非要对整个轮胎拳打脚踢的，到头来，动静不小，效果全无。我所做的事情，和这个比方非常相似——我的力量根本就没用到点子上，教育效果大打折扣。

最后，作为班主任，我的言行几乎完全被那几名学生左右了。他们一犯错，我就发火，此时的我被那几名犯错学生牵着鼻子走了，这种局面的危害是非常大的。比如，前述案例中我就因为发火而浪费了一节课的时间，完成不了教学任务，还惹得其他学生反感。更为关键的是，班主任天天跟在这几名犯错学生的后面，完全是在被动招架，根本就没有考虑过要主动出击，更是把班级的长期规划抛在了脑后。最终变成了什么情况呢？那几名学生犯错了，班主任就有事情做了；那几名学生没犯错，班主任就没有事情可做了。

总之，班主任眼中要有人，不仅要有几名差生，更要有其他大多数学生，而且我们更要考虑其他大多数学生的感受，我们所做的大部分工作都应该是为其他大多数学生服务的。他们才是我们工作的主要对象。

（2）方法：形成集体，带动个体

> 对其他方面，祁老师的管理思路都是类似的：先形成面，然后巩固面，最后用面来带动点。祁老师的做法，概括起来讲，就是"用集体的力量来积极影响个体"。实践证明，这种策略是成功的。

五、带好差班的支柱：力量用在刀刃上

在我带高一某班的时候，同年级的平行班级——高一（1）班无论在学风、成绩、作业方面，还是在卫生、出勤、纪律方面，表现得都非常好——每一次考试，高一（1）班的成绩总是最好的，而且有时能追上重点班；高一（1）班的很多科任老师都说，在这样的班级上课还是非常舒服的；高一（1）班也是唯一一个连续两次被评为"文明班级"的普通班级……较之于其他普通班级，高一（1）班为什么这么出色呢？

这要从高一（1）班的班主任祁老师说起。

一直以来，很多老师都说祁老师的运气好，因为相对于其他班级来说，高一（1）班调皮的学生比较少，因为高一（1）班几乎没有被处分的学生。分过班以后，我们才发现：从高一（1）班走出来的几名男生，都成了后来几位班主任的心病，因为他们也频繁地犯错。撇开一些客观因素外，我们不得不承认：高一（1）班的良好环境对这些学生还是能产生一定的积极影响的。当然，这种良好环境的创建，和祁老师有着莫大的关系。那么，祁老师是如何创建良好的班级环境的呢？现在我仅以课堂氛围的营造来说明这个问题（我和祁老师同办公室，我们经常在一起交流一些班级管理方法）。

在其他多数普通班级，科任老师把问题抛出去之后，是很难得到学生的回应的，不管科任老师把问题设计得有多好。而在高一（1）班，科任老师的问题抛出去之后，下面就会有一片响亮的回答声音。这让科任老师感觉到，课堂不仅是老师的，更是学生的，此时教师的幸福感便油然而生。对于良好的课堂氛围的营造，祁老师主要是做了以下几个方面的工作：

首先，祁老师利用语文学科教学之便，让学生慢慢地张开了嘴巴。祁老师是语文老师，在语文课堂上自然少不了需要朗读和背诵的内容。

起初，高一（1）班的学生也是不喜欢张开嘴巴的，四五十人齐声读的声音，有时还没有老师的声音大。就在这种情况下，祁老师不厌其烦地解释、强调"有声阅读"对语文学习的重要性，这种面向全班学生的反复性工作，不仅可以成功地把一部分自觉的、想学习的学生发动起来，而且还创造了一个积极向上的舆论氛围，即大声读书是正确的，更是有意义的。

其次，祁老师在发动那一部分自觉的、想学习的学生之后，经过进一步的巩固工作在他们中间建立了牢固的"根据地"。一方面，当祁老师发现一些学生读书声音很响亮之后，及时当场表扬，这种表扬可以激发这些学生的热情，因为不管怎么说，学生还是喜欢被赞美的；另一方面，对这些坚持大声读书的学生，祁老师私下里把他们喊出来，热情地鼓励他们，耐心地引导他们，让他们坚定地认为有声阅读是很有意义的事情。通过这两方面的工作，祁老师让这一部分学生对有声阅读深信不疑，而且热情高涨。这一部分学生俨然成了高一（1）班的"延安"，造就了"星星之火，可以燎原"的好势头。

再次，对于那些很难张开嘴巴的学生，祁老师通过点名和谈心这两种方法让他们张开嘴巴。点名，即齐声读你不读，可以；那么齐声读以后，我把你单独喊出来读。应该说，这种"点名"制度对于那些既懒散又怕麻烦的学生来说，是有约束力的。谈心，即和你聊一聊为什么不大声读，是有困难还是怎么的，不管有什么问题，我都来帮助你、督促你。慢慢地，这些学生也开始张开嘴巴了。

最后，祁老师把有声阅读上升到"师生互动"的重要性，并做好引领工作。要达到什么目标呢？老师有问，学生就要有答；老师有问，会的学生必须主动承担起这种互动的责任。这种良好的师生互动，会让课堂变得更加高效，这样下来，最终受益的无疑是学生自己。另外，那些经常张开嘴巴的同学,久而久之也会慢慢地体会到自身的价值,这种成功的感觉不仅给予这部分学生更足的动力,而且会在无形中激发其他学生的斗志。

就是这般坚持着,高一(1)班的课堂氛围逐渐好转起来。对其他方面,祁老师的管理思路都是类似的:先形成面,然后巩固面,最后用面来带动点。

祁老师的做法,概括起来讲,就是"用集体的力量来积极影响个体"。实践证明,这种策略是成功的。

事实上,在带差班的过程中,那些差生会耗费我们大量的时间和精力,但是,采取一对一的正面进攻方式,往往并不会收到明显的效果。在这种僵持的局面下,把一对一的正面进攻方法改为多对一的侧面进攻方式,不失为一种新颖而且有效的转化教育差生的方法。即便这种方法是低效的,甚至是无效的,我们这种把工作重心放在大多数学生身上的管理方向无疑也是正确的,因为大多数学生才是班级的主体。

 温馨提示

黑点之外更需要呵护

不管是在好班,还是在差班,大多数学生才是我们工作的主要对象。对于差班来说,更是如此,黑点需要呵护,黑点之外更需要呵护。这么说,主要是基于两方面的考虑。

一方面,教育工作要面向全体学生,大多数学生理应包含在内。我们的工作不是为了几个好学生,也不是为了几个差生,差生或好学生仅仅是我

们工作对象的一部分。差生需要转化，其他学生也需要成长；差生内心的"污秽"需要清除，其他学生内心的疑惑也需要解答；差生是家庭的希望，其他学生同样是家庭的希望；差生需要班主任的帮助，其他学生同样需要班主任的帮助……从这个角度来说，任何忽略大多数学生的做法都是不妥的。

另一方面，教育工作的开展需要扎实的群众基础，需要牢固的"根据地"。在差班中，如果我们的工作得不到大多数学生的支持，那么我们的工作将彻底失去意义，我们的班级也不得不处于混乱的状态。然而，一旦我们争取到大多数学生的支持，那么我们就拥有了扎实的群众基础和牢固的根据地，这样一来：我们的任何教育工作几乎都可以顺利开展；大多数学生紧密地团结在我们的周围，必定会形成良好的班级环境，这种良好的班级环境一旦形成，大多数学生就会在无形中对差生产生积极的影响，而不会轻易受到差生的消极影响。

在一定程度上说，差班的班主任在几个"刺头"身上花费的时间和精力越多，工作的成效就越低；而差班的班主任在"刺头"之外的学生身上花费的时间和精力越多，工作的成效就越高。

六、带好差班的捷径：用清水替换污水

故事导读

宋就帮邻国种瓜

战国时，梁、楚两国接壤，边境上设着哨亭，哨亭里的士卒都种了瓜。就是这两片瓜田，孕育了一段历史佳话。事情是这样的：

两国种下瓜以后，梁国这边辛勤管理，瓜秧长得旺盛，楚国那边疏于管理，瓜秧长得"憔悴"。两片瓜田相距不远，对比鲜明。一天，楚国县令来视察，看到梁国的瓜秧一片茂盛，楚国的瓜秧姜黄不堪，把亭长训斥了一番。亭长受了训斥，很是恼火。在一个月黑风高之夜，他带着士卒潜入梁国境内，把梁国的瓜田毁了。第二天，梁国士卒发现他们种的瓜秧蔫了，近前一看，原来瓜蔓被扯断了。梁国士卒自然猜到是对面的楚国士卒们干的，他们群情激奋，要求以其人之道，还治其人之身，也把楚国的瓜田毁掉。梁国这边的县令叫宋就，他闻听此事，说："你们把楚国的瓜田毁了，他们又会报复，如此冤冤相报，何时能了？我倒有个办法。楚国的瓜因疏于管理才长得不好，你们以后潜入楚国的瓜田，帮他们浇水、施肥，他们的瓜长好了，自然就不会再嫉妒你们。"梁国士卒虽不情愿，但还是按宋就的吩咐去做了。不久，楚国士卒发现他们种的瓜越来越好，偷偷观察，原来是梁国士卒在暗中帮他们管理。他们

很羞愧，把此事报告给县令，县令报告给楚王，楚王听了也很感动，便派人带上厚礼到梁国，感谢梁国宽宏大度，并愿意跟梁国结为友好邻邦。

相对而言，差班学生的问题更多。当一个接一个的问题扑面而来时，我们不能用"污浊对抗污浊"，而应给学生呈现出另一个不同的"清亮的世界"——美好的言行、美好的品德、美好的思想。

1．人生历程：你想留下怎样的痕迹？

(1) 什么是人生历程及其痕迹？

> 我们可以改写自己的人生历程，纵使我们改变不了客观存在的时间点，我们也可以改变每一个点上发生的事情，因为我们的脑、口、手、脚是受我们自己支配的。

什么叫人生历程呢？我们现在以"民族魂"鲁迅先生的事迹为例来谈这个问题。

鲁迅，1881年农历八月初三生于浙江绍兴城内东昌坊口；1886年入塾；1892年正月，入三味书屋读书；1898年闰三月，考入南京江南水师学堂；1899年正月，改入江南陆师学堂附设路矿学堂学习，并于1901年毕业；1902年，由江南督练公所派赴日本留学，原在仙台医学院学医，后弃医从文；1906年，奉母命回国与朱安结婚；1909年，自日本回国，先后在杭州、绍兴任教；1912年，辛亥革命后，应教育总长蔡元培的邀请，任教育部社会教育司第一科科长，同年八月任命为教育部佥事；1918年

5月,首次用"鲁迅"的笔名,发表中国现代文学史上第一篇白话小说《狂人日记》,奠定了新文学运动的基石;1919年"五四运动"前后,参加《新青年》杂志的编辑工作,成为"五四"新文化运动的主将;1921年12月发表了中国现代文学史上的不朽杰作《阿Q正传》;1926年8月,因支持北京学生爱国运动,为北洋军阀政府所通缉,南下到厦门大学任中文系主任;1927年1月,到达当时的革命中心广州,在中山大学任教务主任;1927年10月到达上海,开始与许广平共同生活;1930年起,先后参加中国自由运动大同盟、中国左翼作家联盟和中国民权保障同盟,反抗国民党政府的独裁统治和政治迫害;从1927年到1936年,创作了历史小说集《故事新编》中的大部分作品以及大量的杂文;1936年10月19日因肺结核病逝于上海,上海民众上万人自发举行公祭、送葬,葬于虹桥万国公墓。

简单说来,所谓人生历程,就是一个人从出生到死亡的过程。如果把人生历程比喻成一个二维坐标系的话,那么从出生到死亡的各时间点就是横坐标,而在每一个时间点上发生的事情就是纵坐标。当我们以旁观者的视角来看待其他人的人生历程时,每一个时间点是客观存在的,每一个时间点上发生的事情也是客观存在的。而当我们以旁观者的视角来看待我们自己的人生历程时,也是如此。也就是说,别人无法改写我们的人生历程。然而,我们可以改写自己的人生历程,纵使我们改变不了客观存在的时间点,我们也可以改变每一个点上发生的事情,因为我们的脑、口、手、脚均是受我们自己支配的。从这个角度说,一个人的人生历程对他人来说是客观存在的,是不可改变的;但是对自己来说,则是可以改变的。也就是说,个体在人生历程方面具有主观能动性。

那么,什么是人生历程的痕迹呢?我们还以鲁迅先生为例来谈这个问题。

鲁迅先生一生创作了大量不朽的杂文、小说、评论以及散文，对"五四运动"以后的中国文学产生了深刻的影响，是伟大的文学家、思想家、革命家，被人民誉为"民族魂"。

毛泽东曾这样评价道，鲁迅先生是中国文化革命的主将，他不但是伟大的文学家，而且是伟大的思想家和伟大的革命家。鲁迅先生的骨头是最硬的，他没有丝毫的奴颜和媚骨，这是殖民地半殖民地人民最宝贵的性格。鲁迅先生是在文化战线上代表全民族的大多数，向着敌人冲锋陷阵的最正确、最勇敢、最坚决、最忠实、最热忱的空前的民族英雄。鲁迅先生的方向，就是中华民族新文化的方向，就是新生命的方向。

叶圣陶曾说，与其说鲁迅先生的精神不死，不如说鲁迅先生的精神正在发芽滋长，播撒到大众的心里。

郑振铎曾痛心地说，鲁迅先生的死，不仅使中国失去了一个青年的最勇敢的领导者，也使我们失去了一个最真挚、最热忱的朋友。

郁达夫在鲁迅先生逝世后写下《怀鲁迅》，其中有这样的话："没有伟大的人物出现的民族，是世界上最可怜的生物之群；虽有了伟大人物，而不知拥护、爱戴、崇拜的国家，是没有希望的奴隶之邦。"

……

从众人对鲁迅先生的高度评价可以看到，鲁迅先生的这一生是有巨大价值的，或者说是有重要影响的。那么，作为体现出巨大价值或重要意义的具体事件，他是在哪一时刻开始孕育并发生的呢？我的理解就是，在个体的人生历程中，体现出巨大价值或影响的具体事件及其孕育、发生的时刻就是痕迹。比如，1902年，由江南督练公所派赴日本留学，原在仙台医学院学医，后弃医从文，这一步不仅改变了鲁迅先生的一生，同时也深刻影响了中国，这就可以作为鲁迅先生的人生历程的痕迹。

……

对我们学生来说，在已有的人生历程中，也可以找出很多痕迹来。比如，张三在中考中发挥出色，以高分考取市一中，这件事情可以作为张三人生历程的痕迹；李四在刚开学时因为冲动而参与了打架事件，而且还因此被学校给予"严重警告"处分，这也可以作为李四人生历程的痕迹；王五在初中时天天混日子，但是进入高中的某一天，突然意识到自己要努力学习了，并且坚持了下来，那么这也可以作为王五人生历程的痕迹……

总之，对于一个人来说，不管是幸福还是痛苦，不管是成功还是失败，不管是富裕还是贫穷，他的人生历程以及人生历程的痕迹都是由他自己决定的。

(2) 规划让人生更精彩

> 还是用杨澜的那句话作为总结：一次幸运并不可能带给一个人一辈子好运，人生还需要你自己来规划。

杨澜有中国新生代知识女性迷人的魅力，她那流畅自如、淡定自信的申奥演说至今让人记忆犹新。如今经常身着套装、淡定微笑、出没于名流社会的杨澜，已经成了中国职业女性的典范、家喻户晓的电视节目主持人、富有女性和青年女性的偶像和神话。那么，杨澜是如何实现从著名节目主持人到制片人、从传媒界到商界的成功转型呢？杨澜说："一次幸运并不可能带给一个人一辈子好运，人生还需要你自己来规划。"杨澜又是如何规划自己的人生的呢？

1990年2月，中央电视台《正大综艺》节目在全国范围内招聘主持人，杨澜以其自然清新的风格、镇定大方的台风及出众的才气脱颖而出，毕业后正式成为《正大综艺》的节目主持人。进入央视后，杨澜终于感觉到，这次的选择是非常正确的，做传媒就是她喜欢的事情。靠着自身的实力与魅力，杨澜获得了"十佳电视节目主持人"以及"金话筒奖"等奖项。

然而，当人们还惊叹于杨澜在主持方面的成就时，她在1994年又做出了一个令人惊讶的决定：辞去央视的工作，远赴美国哥伦比亚大学留学，就读于国际传媒专业。留学期间她利用业余时间，与上海东方电视台联合制作了《杨澜视线》——一个关于美国政治、经济、社会和文化的专题节目，这是杨澜第一次以独立的眼光看世界。她同时担当策划、制片、撰稿和主持的角色，实现了自己从最底层"垒砖头"的想法。40集的《杨澜视线》发行到国内52个省市电视台，杨澜借此实现了从一个娱乐节目主持人向复合型传媒人才的过渡。

1997年回国后，杨澜开始寻找适合自己的机会。当时，凤凰卫视中文台刚刚成立，杨澜便加盟其中。1998年1月，《杨澜工作室》正式开播。在凤凰卫视，杨澜不只是主持人，还是《杨澜工作室》的当家人，自己做选题。在随后的两年里，杨澜一共采访了120多位名人。正是这两年的经历，让杨澜有了质的变化——她不仅拥有了世界级的知名度、多年的传媒工作经验，而且还拥有重量级的名人关系资源。

1999年10月，杨澜辞去了凤凰卫视的工作。从凤凰卫视退出之后，杨澜曾一度沉寂。就像当年离开中央电视台令人震惊一样，杨澜辞去凤凰卫视的工作这件事，同样令香港观众感到诧异，正当人们猜测杨澜会成为××电视台的主持人时，她却在2000年3月突然之间收购了"良记集团"，并将其更名为"阳光文化网络电视控股有限公司"，成功地借壳上市,准备打造一个阳光文化的传媒帝国。对于这次转变,杨澜表示,她投身商界不是简单地为了赚钱,还为了实现她过去不能实现的媒体理念。

由央视的名主持到远涉重洋的学子,再到凤凰卫视的名牌主持,最后到阳光卫视的当家人,杨澜的角色在不断地变化。杨澜动人、自信、优雅、阳光的微笑成为东方现代女性的代表,向世界展示了古老而现代的东方神韵,成为征服世界的流行符号和沟通的密码。*而所有这些,都和杨澜对自己人生的规划有着莫大关系。

杨澜并无显赫的家庭背景,却获得了巨大成功。那么,杨澜对人生的规划,可以给我们哪些启示呢?

杨澜的职业角色几次变化,但正所谓"万变不离其宗"。无论如何转、如何变,杨澜始终把自己定为"传媒人",聪慧的她很清楚自己就是这块料,所以从没有偏离做媒体这个大方向,而她的变化就在于她的目标层次一直在提高。从这一点我们可以看出,杨澜不仅坚持目标,而且不懈追求。

杨澜也有很美丽的外表,但不吃青春饭,对知识塑造自己的人生格外看重,杨澜选择出国留学也就是侧重对中西文化的对比学习,通过不断学习和充实提高自己的思维能力。从这一点我们可以看出,学习充电并用知识塑造自我对一个人的发展非常重要。

1968年出生的杨澜,作为电视节目主持人,她曾走访了许多世界政要、科学家、艺术家、企业家、杰出华人、杰出女性,这样的经历让思维开放、思维意识新潮的杨澜更具国际视野。2001年7月13日,在莫斯

---

* 有关杨澜的内容,改编自网络。

科国际奥委会112次全会上成功代表中国奥申委做文化方面的申办陈述；2005年她开始主持针对中国都市女性观众的大型谈话节目《天下女人》，深受世界华语观众的喜爱。从这一点我们可以看出，个人在规划人生时必须视野开阔。

刚才我们谈的是名人的人生规划，现在我想来谈一谈我的人生规划。

在小学二年级时，由于一些特殊经历，我梦想着做一名老师，这个梦想一直伴随着我的成长；在高中时，同样是因为一些特殊的经历，我下定决心要做与化学有关的工作。基于这样的考虑，我在填报高考志愿时，几乎全部填报有关"化学教育"的专业。这样，我顺利地考取了师范大学，并成为一名化学老师。另外，这种扎根于内心的梦想驱使我成为一名优秀的化学老师。那么，怎么才能变得更加优秀呢？我选择了一条专业发展的道路，即"读书、实践、反思"的成长道路。今天，我可以自豪地告诉大家，我的这种规划让我取得了不小的成绩，登上讲台五年多来，我已经先后被评为"学区优秀教育工作者"、"市级优秀教师"、"市级教坛新秀"，发表了几十篇文章，也出版了四本教育专著。我认为，这些成绩的取得，应该归功于我对自己的教育人生的规划。

在担任几年的班主任工作后，我经过认真反思发现，心理学知识对班主任工作有重要辅助作用，于是我决定自学心理学的有关书籍，争取成为具有心理学专业知识背景的优秀班主任。虽然我仅仅是了解了心理学的一点皮毛，我所掌握的这一点心理学知识还没有对我的班主任工作产生明显的积极作用，但是再过一段时间，我相信我不断丰富的心理学知识一定能让我的班主任工作更加富有成效。

还是用杨澜的那句话作为总结：一次幸运并不可能带给一个人一辈子好运，人生还需要你自己来规划。

（3）我们要善于把握自己

> 在《西游记后传》中，编者设计了一个很好的角色——无天。无天，一人二身——一个是白衣无天，一个是黑衣无天；白衣无天是"佛"，是正面的；黑衣无天是"魔"，是负面的。我所说的"善于把握自己"，就是指"善于调控负面的自己，善于激励正面的自己"。

同学们在生活中可能会遇到以下这样的情景：

张三迟到了，班主任问他为什么迟到，张三说忘记定闹钟了，听到这话，班主任既没有生气，也没有再问什么，就让张三回教室了；李四也迟到了，班主任也问他为什么迟到，李四也说忘记定闹钟了，但是班主任立刻变得很生气，而且极不信任地说道："不是忘记了定闹钟，就是路上堵车，你总能找出这么多客观理由！"

学校举行田径运动会，需要从班级挑选两名旗手，张三报名了，李四也报名了，两人的生理条件几乎完全一样，但经过班主任和班干部的讨论后，他们一致选择张三，选择理由是"张三更让人放心"。

张三和李四是同一天来到这个班级的，刚进入这个班级时，班主任与他们俩说话的表情、态度几乎完全一样，但是过了一段时间后，班主任在和张三说话时显得特别和蔼可亲，而在和李四说话时，班主任显得不冷不热的。

某一日，一位新来的科任老师对班主任说："你班前排的那个男生真有礼貌！"班主任略想一下，就问科任老师说的是不是张三；而李四就坐在张三的旁边,班主任并不认为那个有礼貌的男生是李四。

……

这些类似的情景,我们在生活中可能会经常遇到。为什么会出现这种情况呢?

在人与人的交往中,彼此之间会将对方的言行转化为信息储存在脑海中,经过一定时期的相同或相似信息的反复储存,这些信息就会得到强化并固定下来,一旦固定下来,就很难再改变。在这种情况下,再遇到对方时,这些信息会立刻呈现出来,彼此也会根据这些信息判断对方在品德、学识、能力等方面的情况。比如,在前文中提到的张三和李四的迟到问题,可以这样来理解:张三平时很少迟到,而且做人也比较诚实,这是张三留给班主任的正面信息,所以当张三迟到时,班主任在调查之前,就拥有了"张三不会无故迟到"的判断;而李四呢,可能情况刚好相反,李四经常迟到,而且经常会找各种客观理由,甚至是说谎,这是李四留给班主任的负面信息,所以当李四迟到时,即便李四说的是实情,班主任也会因为这些负面信息而对李四产生严重的不信任。从这个角度来说,一个人给别人留下什么印象,完全是自己种瓜得瓜、种豆得豆的结果。

"我们要善于把握自己"的话题,就包含这层意思。

在《西游记后传》中,编者设计了一个很好的角色——无天。无天,一人二身——一个是白衣无天,一个是黑衣无天;白衣无天是"佛",是正面的;黑衣无天是"魔",是负面的。而不管白衣无天,还是黑衣无天,都是无天这个人。这是一个经典的角色,体现了人的两面性。事实上,每一个人都有两面性。比如,我现在还坚持学点英语,在别人看来,我可能是一个比较勤奋好学的人,但说句实话,我有时也想偷懒玩一玩。

在这里,我所说的"善于把握自己",就是指"善于调控负面的自己,

六、带好差班的捷径：用清水替换污水 151

善于激励正面的自己"。比如，在晚自习课堂上，我老是想说一会儿话，但是这样一说话，势必会影响其他同学的学习，怎么办？此时负面的自己就是想说话的自己；而正面的自己就是想遵守公德的自己。善于调控负面的自己，就是说经过一番思索和权衡后，发现下课后说这些话也是可以的，没有必要这么着急在课堂上说；善于激励正面的自己，就是说经过一番思索和权衡后，发现在自习课上说话，的确是让人讨厌的事情，而自己要做一个受人欢迎的人，一旦自己说开了，可能就不好了，于是不断告诫自己要坚持到底。如此一来，当我们可以轻松地调控负面的自己，同时又可以顺利地激励正面的自己时，我们做事就容易成功，我们就容易受到别人的欢迎，我们就会越来越佩服、赏识自己。

再结合我们前面说的"人生历程及其痕迹"的话题，当我们善于把握自己了，我们留下的痕迹多是正面的，无疑我们的人生历程会因此而变得更加美好。

2．公共场所：做一个文明的人

(1) 什么是私人场所

> 私人场所，就是我们生存的最为温馨的堡垒，这个堡垒保护了我们，同时也需要我们来保护。

什么叫私人场所？先来看一个案例。

1992年10月17日晚上8点多，美国路易斯安那州的一名16岁的日本留学生和一个朋友，去参加万圣节派对。两人按地址找到了一个民宅，误以为就是他们要找的开派对的地方，于是按了门铃，但是没有人开门，两人疑惑地返回路边停车处，准备离开。就在这时，民宅的车库门开了，女主人出现在车库门口。两人庆幸没有弄错地方，快步跑向女主人。女主人害怕地跑进屋里，告诉丈夫，外面有人，快拿枪。她丈夫，30岁的皮埃斯（Peairs），提着马格南手枪出来探究怎么回事，看到两个人朝他迅速走近，于是喝令"别动"（Freeze）。日本留学生仍然朝他走近，并说"我们来这里参加派对"（We're here for the party）。但是，皮埃斯还是开了枪，日本留学生在距离他1.5米时，胸部中弹倒下。皮埃斯回到屋里，关上门，叫妻子打"911"紧急电话报警。警车和救护车赶到后，日本留学生已经奄奄一息，数分钟后因肺部失血过多而死。1992年11月4日，皮埃斯在他的所在地巴顿鲁基（Baton Rouge）被以杀人罪的罪名起诉。1993年5月23日，地方法院经过7天的审讯，12名陪审员一致认为，皮埃斯无罪。皮埃斯被判无罪，法律依据是：为了保护自身和财产的安全，对侵入私宅者可以使用致命武器。

在上述案例中，皮埃斯的房子、车库甚至是门前的绿化带都可算作私人场所。和私人场所相对应的是公共场所，公共场所是指提供公众进行工作、学习、经济、文化、社交、娱乐、体育、参观、医疗、卫生、休息、旅游和满足部分生活需求所使用的一切公用建筑物、场所及其设施的总称。事实上，一个地方到底是公共场所还是私人场所也是相对而言的。

比如，对于406寝室的六位男生来说，406寝室就是他们的公共场所，他们每一个人都配有钥匙，可以自由进入；但是，对我来说，406寝室

六、带好差班的捷径：用清水替换污水 153

就属于406寝室的六位学生的私人场所，我去查寝室的时候，就要先敲门，然后再进去。对我们高二（4）班学生来说，高二（4）班教室就是我们全体师生的公共场所，但是对高二（3）班学生来说，高二（4）班教室就是高二（4）班学生的私人场所。

私人场所，就是我们生存的最为温馨的堡垒，这个堡垒保护了我们，同时也需要我们来保护。比如说，你们在卧室可以安心地做任何自己喜欢的事情，这是私人场所对你们的保护；而当你们正做着自己的事情时，你们的父母在不敲门的情况下就突然进来了，你们当时可能会非常生气，甚至还会说出诸如"以后不准再这样"的话来，这就是你们对私人场所的保护。

私人场所仅仅是属于私人，不容被其他人侵犯。维护私人场所的安全，既是私人的权利，也是私人的义务。在上述案例中，皮埃斯为了维护私人场所不受侵犯，毅然开枪射击他误以为要闯入私宅的日本留学生，这件事正好说明了这个意思。西方谚语有云："风能进，雨能进，国王不能进。"就是说农夫的草屋虽然破败，风刮得进，雨打得进，但是国王和他的军队却不能随意进入。这也说明了同一个意思。

对于私人场所的保护，很多国家都上升到了法律的高度，在我国也是这样。我国《刑法》将非法侵入他人住宅的行为定为犯罪，非法侵入他人住宅行为的定义为：非法强行闯入他人住宅，或者经要求退出仍拒绝退出，影响他人正常生活和居住安宁的行为。我国《宪法》规定，"中华人民共和国公民的住宅不受侵犯。禁止非法搜查或者非法侵入他人住宅。"

法律对私人场所的保护，正说明私人场所的重要性。真心希望同学们既能享受到私人场所给予我们的安全和安心，同时也能尽力保护我们的私人场所不受他人侵犯。

(2) 公共场所与公德

> 培根曾说过:"把美的形象与美的德行结合起来吧,只有这样才会放射出真正的光辉。"公德是道德素质的一部分,是人类修养中美好的事物,在公共场所能够自觉遵守公德的人,一定是内心美好的人。

公民的住宅等私人场所是公民私人的自由空间,是私生活的场所,个人私生活不应受他人随意侵扰;同时公民的住宅还是维持公民生活安宁和安全的一道重要的防线。鉴于私人场所的重要性,很多国家都通过法律的形式对私人场所进行了比较全面的保护。那么,公共场所又是靠什么来保护的呢?

1987年,为创造良好的公共场所卫生条件,预防疾病,保障人体健康,我国国务院颁布并实施了《公共场所卫生管理条例》。

2009年,上海市十三届人大常委会十三次会议上提请审议的《上海市公共场所控制吸烟条例(草案)》规定:未成年人和孕妇较为集中的区域,如托儿所、幼儿园、中小学、妇幼保健院等场所,室内外都禁止吸烟;图书馆、影剧院等公共文化场馆,市内公交工具及其售票室、候车室,商场、超市等场所,室内禁止吸烟;对机场、铁路客运站和港口客运站的售票室、等候室以及旅馆、娱乐场所等公共场所,将实行部分禁烟。

下面是国外的禁烟规定:

美国:很多公共场所都有醒目的禁烟标志;有些楼房不但在楼内不

六、带好差班的捷径：用清水替换污水 155

准抽烟，还规定即使在室外抽，也必须离开大楼10米；有些州甚至对在有儿童的私人家庭中吸烟也做出了限制。

澳大利亚：明确规定了公共场所的定义，即有天花板或屋顶，且永远或暂时被围住面积超过75%的场所。在这里，不仅不允许任何人抽烟，还不准有烟灰缸、火柴、打火机和其他抽烟时使用的物品。

新加坡：其环境局规定娱乐场所经理或经营者看到有烟客违法，或接获其他顾客投诉必须采取行动，上前劝阻；在禁烟区吸烟将被罚款200新元（约合1000元人民币）；抽烟者如果对执行禁烟令的经营人员加以侮辱、威胁或阻挠，将被告上法庭，可面对高达1000新元（约合5000元人民币）的罚款或监禁6个月的处罚。

从上述有关条文不难看出，很多国家或地区对公民在公共场所的言行进行了一定的约束，但很少有确定的惩罚处理措施，或者说这些规定实施起来的难度比较大，这在一定程度上决定了这些规定是低效的。其他国家的情况我不太了解，单从我国的情况来看，上述那些规定似乎并没有起到应有的作用。

在这种特殊情况下，公共场所的维护，更多的是依靠公众的公德。什么是公德？概括起来，所谓公德，就是在公共场所不打扰别人并努力创造文明氛围的道德素养。公德是现代社会对每个人的基本要求，也是一个人文明程度的集中体现。

比如，高二（4）班教室是我们高二（4）班每一位学生的公共场所，如果某个学生在课堂上随意说话，那么就会对其他学生的学习造成干扰，在这种情况下，该学生就没有自觉遵守公共场所应有的公德，这样的学生就算不上文明。再比如，高二（4）班的教室非常清洁，而某学生对此视而不见，经常把自己的垃圾丢在地面上，一个洁净的环境让人觉得舒心，而一个肮脏的环境让人觉得厌烦，这个随意丢垃圾的学生，很明显打扰了其他学生，这样的学生显然也是不文明的。

我们为什么要遵守公德呢？

一个人之所以要遵守社会公德，我认为至少有以下三个方面的意义。

首先，只有人人都遵守公德，我们才能创造出最美好的生存环境。比如，在医院、超市、候车厅等公共场所，如果人们可以随意抽烟的话，那么其他人就会无辜受害；在食堂打饭的时候，如果有学生无故插队，那么我们就会很生气，这样的环境令人生厌；在医院里，有些病人需要安心地静养，如果有人大吵大闹，那么就会严重影响那些病人的康复。在一个人人都遵守公德的场所，我们的生活环境是美好的，在这样的环境里生存，我们会感到非常愉悦。

其次，严格遵守公德，是一个人追求文明的内在需求。我们现在已经可以清晰地判断，一个在教室内随意大声喧哗的学生，绝对算不上一个文明的学生。文明是美好的，每一个人的内心都是趋向于追求美好的事物的，我们要想成为文明的人，首先就应该遵守公德，因为公德是在无外部约束的条件下起作用的，凡是遵守公德的人，必定都是自觉遵守的，这是一种自发的内在行为，所以更能体现出一个人的文明程度。

最后，严格遵守公德，也是树立民族及国家良好形象的必备要求。比如，据说现在国外很多的旅游景点内，都设有写着"禁止随地吐痰"等的汉字提示牌，就是因为"随地吐痰"几乎成为我们国家的国粹。严格来说，每一个人的言行，都体现着所属民族和国家的文明程度，也是一个民族或国家是否具有良好形象的最基本的体现。

培根曾说过："把美的形象与美的德行结合起来吧，只有这样才会放射出真正的光辉。"公德是道德素质的一部分，是人类修养中美好的事物，在公共场所能够自觉遵守公德的人，一定是内心美好的人。希望我们都成为这样内心美好的人。

（3）地震后的日本及其人民

北京时间2011年3月11日13时46分，在日本本州岛，9级地震突然发生，海啸随后袭来。在人们的印象中，刚刚发生了地震和海啸的日本充满了死亡和核泄漏的阴影，但事实上，这个国家很平静，秩序井然，甚至是在灾害最严重的地方，日本国民也表现出了超常的冷静。在灾害面前，这个民族表现出了令人敬佩的素质。

福岛市政府公务员高成志一也感受到了强烈的冲击波，但按照往常训练的那样，等待地震停止后，他在关闭了各种电器后才离开市政府大楼。

车站、商店、宾馆，到任何一个地方消费，仍能享受到上帝般的服务。所有工作人员都展示出日本式的微笑，轻声细语，耐心周到。

从地震开始，尽管所有灾区断水断电、物资极其紧缺，但未见任何媒体报道灾区出现任何治安问题，从未出现混乱、嘈杂、哄抢的场景。在购买水、粮食和汽油时，即使面对几百米的队伍，几个小时的等待，所有的人都沉默地等在车里，无人按喇叭，也无人喧哗。买不到东西的人也不会抱怨，只是默默地朝店员点头致谢，然后转身离开。

地震第二天，东京市区尽管地铁班次减少，且屡屡晚点，但人们并无异动，依然井然有序地排队，不少人还拿口袋书认真阅读。一些日本人告诉记者，这与平日基本没有差别。

3月13日晚，日本政府官员在滚动播放的电视新闻中通告，为保证灾区用电，东京首都圈从14日开始每天停电3小时，日本全国也按地区分为5组，轮流停电，同时号召市民从14日开始节电。3月14日，东京瞬间变成了一座"暗城"，连"不夜城"歌舞伎町的霓虹灯都不亮了；各大商场的打烊时间从原先的晚上8点提早到6点；从这天下午的电视新闻里看到，日本天皇在家里也关着灯，这也让人很感动。

在避难所里，老人和小孩会优先得到照顾。在仙台市上杉通小学的避难所中，工作人员分发完食物后才发现忘记了一位老人，这时立即就有年轻人将手中的东西递给了这位老人。避难所里也没有难闻的气味和垃圾，所有进入休息区的人，甚至每一个进入避难所的人还被要求脱去鞋子，换上专门的皮拖鞋，以保持室内整洁。墙上还贴着各种指引，用多种语言写成，除日语外还可见中文、英文、韩文，甚至泰文等。同时，为垃圾袋标明分类也是必需的，即使在这种危难的时候，日本人也没有放弃垃圾分类的习惯。面对余震，日本人民也表现得相当镇定。14日的深夜，余震再次袭来，仙台市役厅大楼开始晃动。睡在记者身边的日本人抬起头来观望了一分钟，见没有大的动静，又再次睡去。而每一位离开避难所的居民，都会将自己的毛毯叠得整整齐齐，还向工作人员鞠躬致谢。

海啸和余震的威胁，也没有使这个城市停止运转。地震一发生，政府几乎立刻就展开了应对行动。地震发生后的第一天，仙台修复了主要地区的电力系统和网络，为了安抚人民，他们将每天的报纸和对市区的修复进展，张贴到了各个避难所的墙壁上。

在灾难面前，日本人用平静与微笑展示着令人尊敬的坚强与乐观。

平静和微笑，并不是代表他们不害怕、不悲伤。"我当时吓坏了。"在邮局工作的氏家女士说，她从来没有觉得这么恐怖过，虽然她的房屋没有受损，但余震的威胁让她不敢在家入睡，于是来到避难所；但氏家女士说,尽管害怕,她依然会每天去上班,因为她觉得,如果要让城市恢复运转,每个人都应该发挥自己的力量,尽管这个力量看起来是那么微不足道。

上述这些材料均来自新华网等新闻网络。由这些材料我们不难看出,在灾难面前,日本人的公共意识非常浓厚,即体现出优良的公德,而且这种优良的公德已经成为一种常态。如果这些灾难发生在其他地方,那么当地人民又会如何表现呢?据我所了解的情况来看,答案可能不太乐观。比如,在日本福岛核辐射之后,我们中国一度出现大范围的抢购食盐的不良行动,一些不法商贩甚至利用这个机会哄抬盐价以牟取暴利。两相对比,我们一部分中国人的公德意识相较于日本人的公德意识,要淡薄得多。

当然,日本人之所以表现出更优良的公德,和日本的客观环境也有一定的关系。

日本列岛位于地震带上,经常发生地震。地震在沿海会造成海啸,在城乡则会引起火灾。除地震、海啸之外,夏天还经常有台风来袭。严酷的自然环境使日本人产生了强烈的危机感、孤独感,使日本人成为天生的"难民"、永远的"难民"。在现代日本社会,"难民意识"表现在日常生活的许多方面,随处能看到与地震有关的警示牌。海边的旅游、休闲区有海啸警示牌,上书:"注意海啸。海啸发生的时候往高处跑。"煤气灶上有警示贴标,上书:"发生地震的时候首先关上煤气。"阳台上有避难警示:"发生危险的时候打破这道门,到邻居家去避难。"日本的居民楼很少有中国居民楼上的那种独立阳台,各家各户的阳台大都是连在一起的,由隔断门隔开。隔断门用的是近于三合板的材料,很薄,成年人用脚就可以踢破。避难警示语就是贴在这个门上。理解了日本人的"难民意识"，就会明白作家小松左京写出科幻灾难小说《日本沉没》并非偶然，《日本沉没》被两次拍成同名电影更非偶然。

日本人的这种深深扎根于内心的"难民意识"，让日本人对一些灾难"见怪不怪"，这在一定程度上避免了因过度恐慌而产生混乱行为。但是，一个民族，这种优良的公德，如果没有文化基因的遗传和沉淀，是无论如何也不能形成的。这种文化基因便是"做事不仅要为自己想，还要为别人想，更要为国家、为民族想"。如此一来，倘若我们是处于灾难中的日本人民，那么我们在购买某些紧缺生活用品的时候，就会自觉排队，就不会尽量多地去买，更不会因为买不到而去抢劫，因为你需要这些紧缺的生活用品，别人也需要这些紧缺的生活用品，你要活命，人家也要活命……

希望在以后的岁月中，我们每一位同学都能身体力行地遵守公德，让自己成为有修养的文明青年，同时也促使我们的民族成为有修养的文明民族，我们的国家成为有修养的文明国家。

温馨提示

要想除草，请先种庄稼

先来读一个哲理故事。

一位哲学家用几年的工夫培养了一班学生，他把弟子们带到旷野之中上最后一堂课。哲学家问道："这旷野上长满了杂草，现在我想知道的是，如何除掉这些杂草？"弟子们十分惊讶，一直在探讨人生奥秘的哲学家，最后一课的考题竟是这么简单。一个弟子说："老师，只要用铲

六、带好差班的捷径：用清水替换污水

子就够了。"另一个弟子说："用火烧也是很好的办法。"第三个弟子说："撒上石灰就会除掉所有的杂草。"第四个弟子说："斩草除根，只要把根挖出来就行了。"等弟子们都讲完了，哲学家站起来说："课就上到这里。你们回去后，按照各自的方法除去一片杂草。一年后再来这里相聚。"一年后，弟子们走来了，不过原来相聚的地方不再是杂草丛生，而是变成了一片长满谷子的庄稼地。弟子们恍然大悟，明白了老师的教诲：要想除掉土地上的杂草，方法只有一种，那就是在上面种上庄稼……

这个故事给我们的启示是，要除掉人们心田的杂草，用铲子铲，用火烧，撒石灰，斩草除根，都不行，"野火烧不尽，春风吹又生"，方法只有一个：在我们的心田种上"庄稼"——充分发挥自己的潜能，主动创造更新更美的内容，不断丰富生活的内涵，追求自我的成长、完善和发展……

倘若我们把杂草比喻成学生在品行、习惯、学习、交往及思想等方面的"坏"，那么庄稼就是学生在品行、习惯、学习、交往及思想等方面的"好"。从这个角度来说，我们要想让学生的"坏"减少甚至消失，那么就必须用"好"来替换学生已有的"坏"。当然，这种"好"主要来源于教育者或者教育者的正确引导，正如雅斯贝尔斯在《什么是教育》中这样理解教育："教育的本质意味着：一棵树摇动另一棵树，一朵云推动另一朵云，一个灵魂唤醒另一个灵魂。"

那么，如何才能更好地唤醒学生的灵魂呢？

不可否认，学生的性格、兴趣、家庭等客观因素在一定程度上决定了唤醒学生的方式。对于有些学生，老师们的婆婆妈妈的说教可能很有效；对于有些学生，老师们的疾风骤雨式的当头棒喝可能会让他们顿悟；对于有些学生，老师们的一个鼓励和信任的眼神，可能就会让他们感到震撼……在这里，我想强调的是，不管是哪一种方式，其本质都是促使学生的思想认识向着"正

确"或者"健康"的方向转变，即要除去学生内心的杂草，最适宜的武器就是优秀的思想文化这种庄稼。

那么，老师如何才能获得足够多的优秀的思想文化呢？

我认为，优秀的思想文化主要来源于两个方面：一是经典书籍，一是老师们自身的感悟。

经典书籍之所以成为"经典"，正在于其展现出来的思想文化的"经典"。经典书籍是优秀的思想文化的主要来源，这就要求我们要多去阅读经典书籍，在与经典书籍用心对话的过程中，我们自然而然地会被"唤醒"，被唤醒后的我们，自然而然地获得了优秀的思想文化。关于读哪些书的问题，我想我们应该把范围扩大些，哲学、文学、科学、教育学、心理学、管理学等方面的书籍都要读，此外一些优秀报刊也要经常读。

我们自己也有对生活的感悟，无疑我们从这些感悟中也可以提炼出很多有益的思想文化来，这样的思想文化更贴近我们的实际生活，对学生的"唤醒"也更有针对性。需要说明的是，在我们对生活的感悟中，也不乏消极甚至是错误的思想，此时我们要站在教育者的角度来思考问题，千万不要用一些"坏"破坏学生已有的"好"。

当我们获得足够多的优秀的思想文化后，我们会发现生活为我们提供了很多传递这些思想文化的素材，有反面的，也有正面的，通过结合这些材料的讲演等活动，这些思想文化就在无形中传递到了学生眼前。

当然，"唤醒"包含两个方面：一是我们的"唤"，二是学生的"醒"。"唤"是手段，"醒"是目的，在"唤"与"醒"之间能否建立起必要的联系，一要看我们老师的教育艺术，二要看学生内心醒悟的契机是否成熟。学生的"醒"强求不来，需要我们慢慢等待。

七、带好差班的法宝：工作越细越好

故事导读

细节的疏忽酿成惨剧

2003年2月1日哥伦比亚号航天飞机爆炸（解体燃烧），其失事的根源在外部燃料箱脱落的一块绝热泡沫碎片击中左翼前缘，使热防护层形成裂孔，航天飞机重返大气层时超高温气体进入机体，酿成大祸，机上的七名宇航员，包括六个美国人及一个以色列人全部遇难。正是由于对助推火箭密封装置和外部燃料箱表面材料检验这一细节的疏忽，而酿成了人间惨剧。

当一只苹果不偏不倚地落到牛顿头上时，这位后来的科学巨人并未抱怨上帝的不公，也未将那只苹果啃个精光，而是从这一普遍现象中推想出万有引力定律；蒸汽推动锅盖再常见不过，可瓦特却抓住这一细节，不断地思考、创造，制成了第一台蒸汽机，终于引来了人类的第一次工业革命；电能生磁，磁也能生电，法拉第抓住这一细节，制成第一台发电机……疏忽细节，往往会酿成惨剧；重视细节，常常会发现惊喜。

差班的"重病"多是由一些细小的问题会聚而成的。作为差班的班主任，我们不能总想着一些宏大的计划，而应扎扎实实地从仪表、作业、

迟到等细节入手，并统管全局，这样才能逐步走向成功。

1. 仪表

> 在一个开放的社会，人们的穿着只要顾及应有的底线，那就无可厚非，因为这是他们的自由。而在学校特定的环境中，我们可以抓一下学生的仪表问题，但是千万不要把仪表问题当成真正的问题。

一般情况下，仪表包括校服、发型、指甲、首饰、耳孔等内容。

从目前现有的解释来看，学校之所以提出仪表要求，一是想"让学生看起来有个学生样"——学生穿着个夹拖或者把头发染成夸张的颜色，的确看起来不像个学生样，二是想"让学生生活简单点、清爽点，以免因闲事分心而影响学习"——学生要真是每天早上都设计个心满意足的新颖发型，着实是挺浪费时间的，同时可能也会因此而分心。

当然，上面我举的两个例子，均是比较极端的例子，但即便是这么极端的例子，我在普通高中学校也遇到过不止一次，至于一些职高或中专学校，我想情况可能更糟糕些。至于在小学，这么极端的例子可能很少；在初中，那些十二三岁、十四五岁的少年，他们追求时尚的动力还是比较足的，甚至有点初生牛犊不怕虎的味道。

学生仪表问题的产生，其根源在成人社会。事实上，一个人的穿着，就如同一个民族的穿着，是可以体现出其个性的，这和其文化传统以及精神信仰等有莫大的关系，此时我们的穿着，只有符合自己民族的习俗，才是得体的，否则可能就会觉得特别别扭，就像清朝建立后对汉人采取的粗暴的发型要求一样，迫使很多汉人拼了命地维护自己的传统发型。从这个层面来说，我认为学生的仪表也是其文化思想的反映，我们对其无须过多关注和指责，否则极易引起学生歇斯底里的反抗。在一个开放的社会，人们的穿着只要顾及应有的底线，那就无可厚非，因为这是他们的自由。当然，非要说学生的仪表可能成为"问题"，那么问题的形成还是因为一些成人的示范。举几个例子，一些女影星往往衣不蔽体，不少男球星常常发型怪异。在当代社会，这些"星"对青少年学生的影响，远远超过那些科学家、文学家以及慈善家。青少年学生对各种"星"的膜拜，促使他们在仪表方面对"星"进行极度模仿。在这里，我只想表明一个观点：只要学生的仪表不是太过分，那么我们就没有必要把仪表问题当作洪水猛兽一样。

在这里，我还想强调一点：在差班，学生的其他更重要的问题可能很多，如果我们把工作的重点放在学生的仪表问题上，那就相当于"捡个芝麻，丢个西瓜"。在差班，我们必须有所为，有所不为，否则我们的工作会显得千头万绪。另外，本来差班的学生犯错就比较多，师生之间产生矛盾和冲突的机会相对来说也比较多，如果我们还死死地盯着差生的仪表问题不放的话，那么极容易把师生关系搞得很僵。从这个角度来说，在带班的最初一段时间内，我们有必要淡化仪表问题。

目前，在很多学校，学生仪表问题也被纳入了对班主任的常规考核中，也和班主任的津贴挂钩了，这可能会让班主任很难做——不严抓仪表问题，那就是和钱过不去；而严抓仪表问题，又觉得有很多不妥。此时，我们要学会把握好度。

一方面，我们在心底不要把仪表问题当成真正的问题，即便我们的津贴因此而被扣,即便我们因此而被相关领导点名批评。我们不能因为仪表问题而动怒,更不能因为仪表问题而喋喋不休,"抓仪表"工作实在不能算是真正的教育工作。

另一方面,我们要时常对一些学生说一说仪表问题。我们可以在班级强调一下仪表问题,尤其是可以从正面进行引导,但这只是一种"宣传"和"鼓动"。对一些经常出现仪表问题的学生,我们可以提醒一下他们,让他们知道,我们在关注学生的仪表问题。这样仪表问题就不会泛滥,但是不要严厉地批评,实在没有必要因为这个问题而花费太多的时间和精力。

总之,在学校特定的环境中,我们可以抓一下学生的仪表问题,但是千万不要把仪表问题当成真正的问题。对待仪表问题,我们完全没有必要较真。

2. 卫生

> 我们需要天天面对卫生问题,在接手班级的初期,我们完全有必要好好抓一抓卫生问题,即便这样琐碎的工作让人感到厌烦,因为一旦学生良好的卫生习惯建立起来了,我们可能就比较省心了。

卫生工作值得班主任花点心思好好琢磨琢磨。因为教室的干净、整洁,不仅能让人心情愉悦,还可以对人的品行起正面的塑造作用——人在感知和享受环境的干净、整洁时,会在耳濡目染中产生创造干净、整洁的环境的念头,这种美好的念头一旦得到固化,就会形成良好的习惯;另外,一种干净、整洁的环境,在让人心情愉悦的同时,也会让人变得更加文明。从这个角度来说,卫生问题关乎"完整而幸福的教育生活的创建",是一个很值得解决的问题。

在差班,究竟如何才能引导学生养成良好的卫生习惯呢?我认为我们只有做好一系列细致的基础工作,才能形成良好的局面。

一方面,我们要有细致的指导。比如:如何摆放拖把、扫把?如何收拾讲台?如何擦黑板?如何整理书本?如何摆放座椅?如何处理纸巾等垃圾?……在我班,具体指导如下:

把拖把洗干净并放在水桶里,水桶紧紧靠着卫生角的墙壁,而扫把要放在畚斗里,畚斗要紧紧靠着水桶放置,其中拖把和扫把都要尽可能竖直放置,不能东倒西歪的。

我班的讲台上,有两种东西——一个塑料水杯,一个班级日志本。塑料水杯用来盛放粉笔——因为原本盛放粉笔的纸盒容易破损和受潮,这个塑料杯要放置在讲台的右上角;在把讲台擦干净后,还要用毛巾把班级日志上的灰尘擦干净,同时把班级日志本放置在讲台的左上角。那么黑板擦呢?我班是用毛巾代替了黑板擦(因为黑板擦有时很难把黑板擦干净),把毛巾洗干净挂在讲台侧面的粘钩上。

对于擦黑板,要求课间用有点潮湿的毛巾擦黑板,中午放学及下午放学后,要求先用湿毛巾擦黑板(擦的时候要从上往下擦,否则不容易擦干净),然后再用干净的毛巾擦一遍,并且要把黑板槽里的粉笔灰及粉笔头清理干净。

学生在整理书本时容易出现的问题有两个:一是随意摆放书本,导致乱糟糟的;二是把平时做的各类试卷随意夹在课本里,或者随意放在抽屉里，导致桌面以及桌内都显得很凌乱。对此，我们要求同学把书本放在抽屉里，而且摆放整齐（大本在下，小本在上）；各科作业的试卷分别盛放在不同的文件夹里，或者用一个金属夹夹起来，这样就会显得很有序、很整齐。

摆放桌椅比较简单，前排作为参考物的桌椅摆放整齐了，后面的只要对齐就可以了。当然，要想前排作为参考物的桌椅不出现问题，那么就必须制定一个标准，我班的标准就是根据地板砖的大小而制定的。另外，在中午、晚上及下午放学时，要求每一位学生把自己的椅子摆放在自己的桌面上，这样值日的同学就能迅速地把教室的里里外外打扫干净，不会留卫生死角。

对于纸巾等垃圾，我们要求在课间去洗手间的同时就带走，并放到每一层楼的垃圾桶里（我班没有垃圾篓），严禁放在抽屉里，更不允许学生自己在抽屉里放置一个塑料垃圾袋。

……

对于这些烦琐的指导，我认为是有必要的，有一些学生就是不会做卫生，因为他们在家压根儿就没有做过卫生。对于他们，再多的埋怨和气愤都是没有用的，我们必须首先教会学生如何做卫生，尤其是在起点年级或在接班初期。

另一方面，我们要给予学生耐心的长期提醒。不可否认，有一些学生的随意性比较强，或者本身就不太讲究卫生习惯，他们的课桌旁经常会出现一些纸屑、果壳或者各类零食包装袋，此时就需要我们去提醒，对这些"无意"的行为，我们可以采用简单的语言进行提醒，当然也可以采用量化扣分的形式进行提醒，以帮助他们尽快形成良好的卫生习惯。

当然，也有极少数学生可能是有意不顾及教室卫生的，对这类学生，班

七、带好差班的法宝：工作越细越好

主任可以抓住机会批评一下，以便让他们知道他们的行为很不明智，最终让他们有所收敛。

总之，我们需要天天面对卫生问题，在接手班级的初期，我们完全有必要好好抓一抓卫生问题，即便这样琐碎的工作让人感到厌烦，因为一旦学生良好的卫生习惯建立起来了，我们可能就比较省心了。否则，这些天天在眼皮子底下的卫生问题，很容易让我们变得沮丧、烦闷。

3. 作业

> 要想很好地解决作业问题，我们的思路应该是重点抓班风、学风的建设，同时积极选拔、培养优秀的学科代表，并和科任老师保持沟通顺畅。

我所在学校的很多普通班级，作业是很难收齐的，即便收齐了，作业的质量也是惨不忍睹，因为很多学生可能只做了选择题，而且大部分选择题还是抄袭的。换成是比较差的班，作业问题就更糟糕了。如果此时还用孤立的眼光来看待这种作业问题，那我们的肺都能被气炸了。

以我所带的班级为例，在近50名学生中，只有极个别（最多两三个）学生有希望考个三本，近30名学生可以考取专科，剩下的近20名学生连专科也考不上，甚至都毕不了业，因为他们连会考都通不过。这个事实可以说明两个问题：一是学生的学习能力比较差，二是学生的学习愿望比较弱。整体来讲，他们既不想学，也不会学，而且不想学是主要原因。在这种情况下，如果我们还希望学生能把作业做好，那无疑就是一个笑话;学生如果能交作业,或者能工工整整地写几行字,那就已经很给老师面子了(很多学生都是这样想的)。

然而,虽然实际情况非常恶劣,但还是有一些班级能够把作业问题解决得很好。研究这些把作业问题解决得很好的班级,几乎都有这么一些共同特征:

第一,科任老师能"镇得住"学生。这些科任老师大多善于和学生沟通,教学很有艺术,也很有人格魅力,总之,很受学生欢迎。同时,这些科任老师也不是什么"老好人",他们做事有原则、有底线,一般情况下学生也不愿意用作业去招惹他们。有这样的科任老师,作业问题算不上问题。

第二,学科代表很"强悍"。有一些学科代表,真的可以称之为科任老师的左膀右臂,因为他们很"强悍":他们不仅责任心强,而且非常善于和同学们沟通,时常把同学们忽悠得团团转,往往在说笑间就把作业收齐了,他们在这方面的能力真的令人佩服。有一个这样的学科代表,科任老师的工作可以轻松很多。

第三,相对来说,班级的班风正、学风浓。在这种班级,大部分学生能够认识到学习的重要性,能够认认真真地对待学习,即便有小部分学生不怎么努力学习,但是也不会以努力学习为耻。在这样的班级,作业问题也不会成为问题。

这三个方面,不仅是上述那些班级的共同特征,也是我们解决作业问题的有效途径。在这三个因素中,第三个算是内因,第一个和第二个算是外因;同时,在这三个因素中,我们能独立调控的只有第三个,在第一个和第二个上都需要与他人合作。从这两个角度来说,要想很好地解决作业问题,我们的思路应该是重点抓班风、学风的建设,同时积极选拔、培养优秀的学科代表，并和科任老师保持沟通顺畅。

关于班风和学风的建设，这是一个宏大而又复杂的问题，并不是三言两语就能说清的，同时也不是本文探讨的主要问题。在此只是说一下解决作业问题的思路。

关于学科代表的选拔和培养，我想说说能够胜任学科代表职务的条件：一是责任意识强；二是善于与同学沟通；三是学习比较认真，或者该学科的成绩比较好。这三条是按照主次顺序排列的，之所以把责任意识排在第一位，是因为学科代表的工作比较烦琐，没有较强的责任心，是干不好这项工作的。

关于与科任老师保持沟通顺畅的问题，我想说一点，就是我们必须树立为科任老师服务的意识。科任老师一旦告诉我们某些学生不交作业，那么我们就必须全力以赴地帮助科任老师解决好作业问题，我们班主任就是为科任老师服务的。如果科任老师能够因此很好地把作业问题解决掉，那么我们也会很省心。

最后提示两点：在差班，差生即便去认真做作业了，其作业质量也不会高到哪里去，一旦他们不会做而班主任、科任老师以及学科代表又催得比较紧，那么他们就可能会去抄袭作业，对此我们必须对差班的作业有一个合理的质量定位；大量枯燥而复杂的作业，很容易让差生厌烦，我们一方面要多引导、多鼓励，另外也要理性地看待差班反复出现的作业问题。

4．课堂

> 在差班的诸多课堂问题中，我们首先必须准确地对问题进行主次定位，即哪些问题使老师无法上课，哪些问题还不至于使老师无法上课。

近几年，我不仅一直担任差班的班主任，也一直兼任一些差班的科任老师。说句良心话，在差班上课真的不是件轻松的事情。我的一些同事曾说过这样的话：在差班上课，不是一般的遭罪，简直是要命。这样的描述多多少少有点夸张，但不可否认，差班的课堂问题真的是非常多。

那么，差班的课堂到底有哪些问题呢？

打闹、起哄、说话、走动、睡觉、趴着、走神、吃零食、不记笔记、顶撞老师、看课外书等，不胜枚举。

那么，我们又该如何来看待这些问题呢？

课堂是师生进行教学活动的场所，教学活动正常开展的前提是课堂秩序井然有序。在理想的课堂中，这些问题可能一个也不存在，而且课堂上师生之间会配合得非常密切，学生学得热情高涨，老师讲得激情四射，这样的教学活动，对师生来说都是一种享受。然而，在差班的课堂上，这样的情景很难出现。一些老师在差班无法上课，很大程度上是因为课堂秩序遭到严重破坏。为此，在差班的诸多课堂问题中，我们首先必须准确地对问题进行主次定位，即哪些问题使老师无法上课，哪些问题还不至于使老师无法上课。按照这种思路分析，我们会发现，打闹、起哄、说话、走动、吃零食、顶撞老师等问题都足以使正常的教学活动不能进行下去，这些均是"大问题"；而睡觉、趴着、走神、不记笔记或者看课外书等问题还不足以使整个教学活动不能进行下去，相对来说，这些都是"小问题"。

对于"大问题"，我认为非常有必要采取严格的处理措施。不管怎么说，我们班主任必须尽力保证科任老师正常的教学活动可以进行下去，虽然教学秩序的维持和科任老师有莫大的关系，但是我们班主任不能因此而当甩手掌柜，毕竟课堂问题和班风、学风有莫大的关系，而班风、学风的构建和班主任的班级管理密切相关。从这个角度来说，班主任必须和科任老师一起解决课堂问题。在建班初期，我班学生经常随意说话，而且声音比较大，很多科任老师无法上课。发现问题后，我在班级讲了以下这些话：

教室是公共场所，每一个人身在公共场所，都必须遵守公德，否则会对其他人以及自己均造成恶劣影响。虽然我们班级是一个普通班级，但是依然有为数不少的学生想学习、要学习，如果有人肆意说话的话，那么必定会影响这些人的学习，因为在大声喧哗中正常的教学活动是进行不下去的。作为班主任，我有责任为每一位学生创建一个适宜学习的场所。为此，在接下来的时间，我将重点解决课堂问题，我需要每一位同学的全力支持和配合。如果我第一次发现你在课堂上随意说话，那么我会喊你出来并提醒你；如果第二次发现你在课堂上随意说话，那么我会批评你；如果第三次发现你在课堂上随意说话，对不起，我会按照学校的规定，把你送进督学室，并请你的监护人到校商讨如何解决相关问题，直到你能意识到"在教室随意说话，是损人不利己的事情"为止，因为先前你的行为已经对别人造成了严重干扰。在接下来的时间，我将随时到教室检查并做好记录，如果大家有好的建议或者异议，欢迎你随时和我交流。

我宣布并严格执行这项规定后，课堂秩序得到很大改善，但是有个别男生没有明显的收敛，等到了第三步，我根据学校的有关要求以及事先的约定，先是严厉地批评他，然后将其送到督学室。这样做了一段时间之后，我们班课堂随意说话的问题得以较好地解决，虽然偶尔课堂上还有学生说话，但基本上在老师提醒后就能停止，基本上进入了正常的状况。这里有一点值得说明：这里的第一次、第二次和第三次，是指一定周期内的次数，而不是一个学期一直以来的累积结果。采用累积结果这种方式，不仅会使制度的执行力大打折扣（差生的面积太大，问题出现得相对频繁，需要消耗大量时间和精力），而且也不符合良好习惯的形成规律（差生的问题基本上会反复出现，而且差生的进步需要巩固和激励）。

对于课堂上的"小问题"，我认为也非常有必要配备严格的处理措施。只不过，我们在处理大问题时是"说到做到，绝不手软"，因为这已经触及底线问题；但是对于小问题的处理，我们则可以更多地采取灵活的弹性处理方式，这样我们的工作就不会过于被动。在这里，我们必须认清一个事实：我们所带的班是一个差班，你想根除这些课堂问题，基本是不可能的，这就要求我们理性地对待这些问题，不能一味地"高标准，严要求"，否则我们的其他很多工作可能会因此而受阻。

对于课堂问题，一些学生也可以做些有用功。比如，我们可以在学生中间选拔、培养一个负责任且有威信的纪律委员（最好是女生，因为女生不容易起冲突）。这样的班干部，在关键时刻吼两嗓子，可能比科任老师板着脸的效果还要好。我曾经就遇到过这样的一个女生班干部，基本上一些常见的课堂问题她都能解决掉。这里需要说明一点，我们这样做并不是意味着找一个学生去堵枪口，而是在按照规律办事且有"法"可依——一方面，纪律班干部本来就拥有维持课堂纪律的权利和义务，这是班主任与班干部形成教育合力的必然要求；另一方面，纪律班干部在维持课堂纪律时，其"管理"色彩比较淡，而"提醒"味道更浓一些，再结合同龄人之间更容易沟通等因素，这样就不容易引起生生、师生之间的矛盾，这要比班主任和科任老师直接参与管理更合适一些。当然，这样的"人才"一般都很少，一要我们善于发现，二要我们善于培养。

上面说的这些思路和方法基本上都属于"外治"，而外治只能治标，不能治本。诸多课堂问题出现的根源在于不正的班风和不浓的学风。要想从根本上解决课堂问题，我们还需要在班风和学风的建设上下足功夫。

此外，我所在学校明确规定"谁的课堂谁负责"，这项规定在一定程度上体现了科任老师对课堂的主导作用，也清晰地指出了科任老师应该对课堂问题负有一定的责任。当然，我们班主任不能因此就撂挑子，还是那句老话，我们要和科任老师联合起来，通过"团结协作"的方式来共渡难关。

5．课间

> 每到课间，我就走到我班教室外的走廊，和学生一起随便说说话，一旦看到学生有过头的行为，马上就制止；另外，学生看到班主任在，也会变得"文明"些。

如果带差班一段时间，我们就会发现：这些学生在课堂上可能是一副懒洋洋、软绵绵的样子，但是一到下课，他们个个都变得生龙活虎。课间，被压抑45分钟的他们，你追我赶，你推我搡，你吼我叫，好不热闹。说得难听点，整个楼层简直如鬼哭狼嚎一般。

从人性这个角度来说，这些学生不爱学习，而在课堂上漫长的45分钟内，他们既不能走动、玩手机，也不能说话、睡大觉，就这样从早到晚在课堂上无聊地坐一天，的确备受压抑。然而，学校怕乱，怕这些学生在追逐打闹中出安全问题。我就曾经历过这样的事情：某一天下雨了，走廊的地板又湿又滑，在两个男生追逐的过程中，前面那个男生一不留神摔倒了，一瞬间他的牙齿和地板来了个亲密接触，顿时三颗门牙满身血污地离开了他的嘴巴。事后，那个男生还笑嘻嘻地说，还好没摔着脑袋，要不然可能就挂了！是的，对于一些安全问题，很多学生都感觉离自己很远，殊不知这些问题可能随时降临到自己身上。

然而，课间毕竟是学生休息的时间，我们没有足够的理由要求学生在这段时间内也像小绵羊一样老实。这就需要我们分析哪些事情学生可以做，哪些事情学生不能做。比如，在走廊里飞跑很容易摔伤，要制止；坐在栏杆上很容易掉下去，要制止；在玻璃旁边打闹很容易打碎玻璃并被玻璃刺伤，要制止……

这些年，我用了很多方法来规范学生在课间的行为，但这些方法往往收效甚微。比如，我曾经一本正经地宣布胆敢再有违反规定者，将严惩不贷；我曾经安排一个专门负责维持课间纪律的班干部，且时常督促。这些方法为什么收效甚微呢？显然，在很多学生的脑海中，安全问题离他们很远，他们意识不到自己的一些行为可能会带来安全隐患；什么样的行为算打闹，这的确不好定义，而学生之间的打闹行为是五花八门、无奇不有的;前文已经提到,这些学生不想着学习,的确觉得很压抑,他们需要通过一定的方式来释放能量……这样一想,课间学生之间的很多打闹行为其实都是"自发的"、"无意识的"。

这样想之后,我确定了一个比较辛苦的方法——走到学生中间去。每到课间,我就走到我班教室外的走廊,和学生一起随便说说话,一旦看到学生有过头的行为,就马上制止;另外,学生看到班主任在,也会变得"文明"些。通过一段时间来看,这样做的效果还是比较好的,我班学生在课间的打闹行为基本绝迹。

这种消耗体力的战术,可能很多班主任都不以为然。在这里,我想说两点:第一,我们是在带差班,班级的状况决定了我们要付出更多,这种体力消耗在正常范围之内;第二,这种问题的解决可能有不少更好的方法,这需要我们在实践中去摸索、去检验,在这些好方法诞生以前,我们可以采用一些看似笨拙但有效而无害的方法。

6. 手机

> 这种方式的科学之处在于,它首先认识到人们已经离不开电脑,基于这点认识,要想办法以科学的方式尽量减少电脑给人体带来的伤害。

到目前为止,我已经经历了重点高中、普通高中以及较差的高中三类学校。客观地说,在这三类学校均有一些学生把手机带到学校,甚至是带到了课堂上,只是在较差的高中这种现象更加普遍罢了。

时至今日，手机问题已经成为一种普遍问题。这是我们解决手机问题时必须认识到的客观事实。

就像网络一样，网络给我们的工作和生活带来很多好处，但是长时间上网会让我们的身体受到伤害。此时，我们不能因噎废食，一下子把电脑砸掉。怎么办？以科学的方式使用电脑：与电脑保持一定的工作距离；每工作一小时向远处眺望10分钟左右，缓解视疲劳；室内光线要柔和，切忌在黑暗的房间里使用电脑；用完电脑后一定要洗脸；不要弯腰驼背地去操作电脑；偷空做一会儿锻炼，比如站起来走动一会儿，或在座位上活动几下头部和手臂；每天操作电脑的时间不宜超过4～6小时……这种方式的科学之处在于，它首先认识到人们已经离不开电脑，基于这点认识，要想办法以科学的方式尽量减少电脑给人体带来的伤害。

对于手机问题，我想也应该采用这样的方法。

一方面，我们要认识到高中生已经离不开手机了。不管我们怎么宣传手机的危害，都不可能让所有学生心甘情愿地放弃带手机，更何况学生已经深深地认同了手机的"妙处"。鉴于此，我们必须接受多数学生带手机进校园这种糟糕的现实，除非学校使出强硬的狠招，否则我们班主任很难杜绝这种现象。

另一方面，我们要思考解决手机问题的科学方法。

很明显，简单的"砸碎"、"没收"的方法已经行不通了。那么，怎么办？

首先，明确底线——课堂上不能使用手机，否则必须给予严厉的处分（一定要结合学校的实际情况，班主任千万不可自作主张地滥施刑罚，否则极有可能让自己陷入尴尬境地）。在这一点上，班主任可以根据校情，严格执行学校的手机管理制度，一旦出现相关事故，坚决按照规定办事，以让学生清晰地感知学校的底线，从而对某些过分行为有所收敛。同时，也可以结合"课堂是学习的地方"等思想促使学生不要影响其他学生。

其次,提供支持——可以把手机带过来,让班主任在校代为保管。事实上,有一些学生的自控力比较差,但是又想学习,此时如果他们带有手机,可能就会情不自禁地去玩手机。班主任提供这种支持,可以帮助这一部分学生。

最后,给予引导——不要做手机的奴隶。手机仅仅是一种工具,而我们是手机的主人,我们可以正当地使用手机,但是不能让手机主宰我们的生活,甚至是消耗我们的生命。这种思想工作,我认为班主任还是有必要去做的。这样做不仅是为了解决手机问题,同时也是为了让学生看清一个方向。

总之,手机问题是一个普遍问题,而且颇具学校特色。我们班主任在解决有关手机问题时,必须紧密联系校情,这是我们展开工作的基础。同时,我们也必须理性、客观地看待这个问题,不要因为手机问题的屡禁不止或者频繁出现而感觉天都要塌了,须知这不是一个可以堵的问题,同时也不是轻易就能疏导的问题。

7. 爱情

> 只要他们两情相悦,其他人是无论如何也拆散不了的,除非他们自己要分开,否则我们的引导多半是徒劳无功的。我们必须承认这种无奈,甚至是无能为力。

苏霍姆林斯基曾说:"只要是人……第一个念头总是要找一个共命运

的伴侣，这种心怀是生命的表现。"从这个角度来说，恋爱既是人类的本能，也是最应该得到保证的权利。凡是过来人，都应该能体会到纯真的恋爱的美好。

然而，时下教育界争论的焦点问题是：人多大了才适合恋爱？

根据我国基础教育的要求，6—7周岁的儿童可以就读小学一年级，这样一来，一般情况下学生在小学阶段的年龄是6—12周岁（或7—13周岁），在初中阶段的年龄是12—15周岁（或13—16周岁），在高中阶段的年龄是15—18周岁（或16—19周岁）。而从有关新闻报道来看，有些学生在初中高年级就开始谈恋爱了，而在高中阶段，学生谈恋爱的事情已经很普遍了。根据我个人的成长经历及教育经历，我所遇到的情况与新闻报道中的情况基本相符。

那么，初中生、高中生可以谈恋爱吗？

从生理方面来看，我国儿童的青春发育期为12—18岁，女孩的性成熟以月经初潮为标志，男孩的性成熟以首次遗精为标志，此后男女生的第二性征越来越明显，其生理发育程度越来越接近成人。在生理发育完善的基础上，男女生的性欲望得以膨胀。也就是说，在这个时候，青少年学生已经具备了谈恋爱的生理欲望了。

从心理方面来看，正如苏霍姆林斯基所说，人类最初的念头就是要找一个共命运的伴侣，这是一种本能需求。在一定时期内，这种本能需求会随着心智的成熟而增强。另外，人在恋爱过程中所创造的那种甜蜜、安全、信任、理解、宽容、奉献的温馨感觉，也是令人神往的。当然，这种恋爱是纯粹的恋爱，是不掺杂任何现实的、物质的、世俗的想法的，是最符合青少年心理需求的。

从环境方面来看，在旧时代，人们之间的恋爱活动是"地下活动"，仿佛"见不得天日",而如今,社会已经越来越开放,人们之间的恋爱活动也越来越高调,几乎都搬到了光天化日之下。虽然恋爱是本能需求,但是人类并不是生来就熟知恋爱方法的——写情书的方法、表白的方法、接吻的方法、性交的方法等,都是在长期的实践中慢慢出现并成熟的,并且在音乐、影视、文学等载体中反复出现且被夸大描述。我们的青少年,正是在这种恋爱文化的熏陶下习得恋爱方法的。也就是说,我们的环境既刺激了青少年恋爱细胞的过早、过快发育,同时也教会了青少年如何去恋爱。

从个体的成长经历来看,在单亲、"家庭暴力"、失去双亲等家庭环境中成长起来的青少年,由于某些情感的缺失,可能更需要恋爱来慰藉。不同的个体,有不同的特殊情况。

以上论述,基本上都在指向一个观点:初中生和高中生出现恋爱行为是完全正常的,并不显得"早","早恋"是我们这些成人在应试教育环境中强加给青少年的帽子。另外,还有一点需要说明,虽然青少年之间的恋爱多半是不成熟、不理智的,但这丝毫不能影响到他们之间的"恋爱力"的强大。可以说,只要他们两情相悦,其他人是无论如何也拆散不了的,除非他们自己要分开,否则我们的引导多半是徒劳无功的。我们必须承认这种无奈,甚至是无能为力。

这样说,是不是就意味着我们在"早恋"面前无事可做呢?

当然不是,我们至少可以用文学的美好、生活的现实来引导他们理智恋爱、高贵恋爱、文明恋爱。

举个例子,某些文学中的经典恋爱故事,比如"梁山伯与祝英台"、"罗密欧与朱丽叶"以及"张生与崔莺莺"等,我们完全可以用这些材料以及类似的材料,让学生去思考"什么是真正的爱情"、"我到底需要什么样的伴侣"以及"我为什么要恋爱"等相关问题，从而引导学生理智恋爱、高贵恋爱。在此基础上，我们还可以倡导学生去读书，去读更多优秀的书籍，让他们从优秀书籍中汲取优秀的文化思想并进行自我教育。

再举个例子，前几年某职业高中发生了臭名昭著的"摸奶门事件"，如果恋爱中的初中生、高中生都像他们那样，在教室里就抚摸接吻甚至做出其他出格行为，无疑是丑陋的、野蛮的。恋爱的生理基础是"性"，但恋爱中的人们不能把人的"性"变成纯粹的动物的"性"，因为人有更强的尊严感、羞耻感。

当然，此类言行的目的仅仅是在"引导"，至于学生听不听，就不是我们能够左右的事情了。从这个角度来说，"早恋"是最难解决的问题，同时也是老师们最应该"撂挑子"的问题。我们老师应该有这样的心理准备，否则我们就很容易因此而受伤。

8．座位

> 座位安排工作是面向全体学生的工作，学生的座位理应满足学生的生理和心理需求，有助于学生的学习和成长，能创造班集体利益的最大化，能服务于班集体的建设和发展。

每一位学生在教室内都要拥有一个座位，对此我们的主要工作就是给学生安排一个合适的位置，这里的合适，有三层含义：一是座位满足学生的生理和心理需求；二是座位有助于学生的学习和成长；三是座位能创造班集体利益的最大化，能服务于班集体的建设和发展。事实上，

七、带好差班的法宝：工作越细越好

这三点不仅是评价座位是否合适的标准，同时也暗含了我们编排座位的思路。也就是说，不管我们采用哪种编排座位的方法，首先要考虑的是学生的生理和心理需求，其次要考虑的是学生的学习和成长，最后要考虑的是班集体利益的最大化。根据这种思路，我在差班一般是按照下述步骤安排座位的。

第一，根据学生的生理和心理需求，初步拟订座位表。我们接手差班的情况有两种：一是从起点接手差班，二是从中途接手差班。如果是从中途接手差班，那么我们这一步的考虑基本上可以放在后续步骤中。当从起点接手差班时，我们因为压根儿就不了解绝大多数学生，所以此时考虑编排座位的因素就非常简单——按照学生的生理条件初步拟订座位表。为了尽量满足学生的生理和心理需求，此时我们可以这样做：

在做好宣传工作后，要求学生在纸片上写出自己的性别、身高、视力及特殊要求。之所以让学生写性别，是因为我们有时可能无法依据姓名等信息来确定学生的性别，对于年龄偏小的学生来说，由于其性别意识不强，我们可以不考虑性别因素；然而对于年龄偏大的学生来说，由于其性别意识已经较强，除非他们言明要和异性同学坐在一起，我们才适合安排具有类似要求的学生坐在一起；或者经过我们的询问之后，学生答应和异性同学坐在一起，我们才可以安排他们坐在一起，否则最好不要随意把异性同学安排坐在一起。之所以让学生写身高及视力，是因为我们在编排座位时无法回避身高及视力问题，一般情况下，个子高、视力好的学生，座位要靠后，个子小、视力差的学生，座位要靠前。什么是特殊要求呢？有极小一部分学生，对座位的要求较高，特别喜欢坐在某些特殊的位置，此时我们要调查清楚，尽量满足这部分学生的要求，以减小执行座位表时的阻力或者预防发生意外。另外，在公布座位表之前,我们就要声明,因为我们对学生不太熟悉,所以所排出的座位表可能存在一些不合适的地方,但是大家必须先按座位表坐下,然后再找我们交流,倘若有学生不顾及班级初建这个特殊情况而对座位表心存意见且拒不执行,那么就显得太不顾大局了,有问题可以谈,但是不能瞎闹,更何况在排座位之前我们已经提醒大家有特殊要求一定要写明。这样说之后,一般就不会出现个别学生当时就拒不按照座位表入座的尴尬局面了。

第二,根据学生的学习和成长情况,进一步调整座位表。当执行初步拟订的座位表之后,我们应该进行跟踪,及时发现座位表的优点和缺点。优点主要表现在:同桌之间不仅关系友好,而且互帮互助,彼此都能因为对方而获得不同程度的进步,而不会互相产生不良影响;前后桌之间也可以进行有意义的合作,使彼此在学习和成长方面获益;小组成员在学习、纪律、品行等方面均表现良好,整体上在进步。缺点主要表现在:同桌之间因为性格、爱好、思想等的不同,偶尔或时常会产生一些小摩擦,彼此坐在一起均感到不舒服;前后排的学生容易说话,甚至打闹;小组内部的一些活动也不能正常开展……那么,如何根据这些缺点来调整座位表呢?

首先,我们要经过长期的观察,以便获得客观、准确的消息。学生按照初步拟订的座位表坐定后,一些可能存在的问题便会慢慢地暴露出来,此时我们要密切注意学生的表现,切不可根据一次所见就下定结论。一方面,因为学生需要慢慢适应新座位,其间可能会出现一些不适现象,另一方面,因为我们看到的可能是偶尔现象,这需要通过进一步的观察来核实。

其次,我们可以找相关科任老师及学生进行访谈,以便了解一些无

七、带好差班的法宝：工作越细越好

法直接获取的消息。对于科任老师的访谈，我们可以直接步入话题，没有什么值得忌讳的；但是对于学生的访谈，我们要做得隐秘点，因为一些学生既不会直接说自己影响别人，同时也不愿意直接指名道姓地说别人影响自己，此时需要我们"旁敲侧击"以及"明察秋毫"，以防给学生带来不必要的心理负担或者造成学生之间的矛盾。

最后，在经过多种渠道获得客观准确的消息后，我们就可以着手调整座位了。此时我们要注意三点：一，让重要班干部参与，以共享集体智慧；二，即便座位的调整只涉及小部分学生，但是也要以全班学生座位调整为名义，以顾及小部分学生的面子，同时也防止他们多想；三，我们要给自己留有余地，不能把话说死，座位调整之后，如果还有学生感到不合适，那么就让其直接找我们说说情况，以便再做调整，这样我们就不会把工作做进死胡同。

第三，根据班集体利益的最大化要求，我们可以对座位表做最后的调整。经过一段时间的交往之后，我们对学生的学习、兴趣、家庭等情况都有了比较全面的了解之后，就可以根据优势互补、共同激励等原则，将班级的学生组成更适宜的"互促互进"组合，这在一定程度上可以更好地激发学生的成长需求，从而将整个班集体带进积极向上的良好氛围中，使班集体的利益获得最大化。为此，我们可以按照下述方法来做。

首先，选择最恰当的时机。比如，月考、期中考、运动会以及各种比赛结束后，不管班级取得了优秀的成绩还是糟糕的成绩，我们均可借此机会造势，如果成绩优秀，那么我们可以"如何力争更优"或者"各方面均力争优秀"为话题，鼓励学生组成更适宜的"互促互进"小组，以实现共同成长再上新台阶的目标。如果成绩糟糕，那么我们可以"如何摆脱落后"或者"我们不要平庸"为话题，引导学生组成更适宜的"互促互

进"小组,以实现共同进步力争上游的目标。如果人心不齐或者毫无缘由,那么就不太适合倡议改革。

其次,组成最适宜的"互促互进"小组。比如,张三的英语成绩很差,而以李四为组长且英语成绩优秀的小组不仅愿意接纳张三,而且愿意尽力帮助张三提高英语水平,那么我们就可以将张三调入李四的小组。也就是说,这样做有两个条件:一是小组成员之间必须彼此相互悦纳;二是小组成员之间的优缺点的确可以互补,或者一方可以帮助另一方。如果这两个条件不能满足,那么就不能算是最适宜的组合,此时我们不要勉强学生去做什么。

最后,不断激励,及时帮扶。如果班级各小组均出现欣欣向荣的发展势头,那么我们班主任的确值得欣慰,但是我们也不能排除这种良好的发展势头可能包含一些隐性的问题,一方面我们要预设可能存在的问题,争取主动做好预防工作,以免被动;另一方面要及时给予学生心态上的引导和技术上的指导,以让学生舒心并顺利地前进。

总之,座位安排工作是面向全体学生的工作,加之差班的学生更容易猜想我们以成绩的好坏、表现的优劣、喜爱的程度来安排座位,此时我们需要更加谨慎:一方面不可将一些民意调查、定期轮换、适时调整等科学方法置之不理,另一方面要根据班级情况做出一些创造性的工作。

七、带好差班的法宝：工作越细越好

9. "两操"

> 如果天天让我们面对如此"不堪入目"的场景，那么这着实是折磨人。因此，我们在"两操"活动面前要有所为，一是为学生的身体考虑，二是为我们的心情着想。

对于一些学校来说，"两操"——广播操和眼保健操活动无疑成了"鸡肋"——正常开展两操活动，学校就显得正规点；但是开展起来不仅费时费力费钱，而且学生也不乐意做。也就是说，"两操"活动的开展有时几乎成了形式，失去了应有的意义。然而，不管如何，各学校还在坚持开展，而且对"两操"活动从严要求，不仅组织相关领导巡视，而且让一些学生为各班级打分，煞有介事地进行评比活动，还声明要和班主任的补贴挂钩。显然，学校领导把举行"两操"活动的困难几乎全部推到了班主任的身上。

那么，我们班主任应该怎么做呢？

埋怨无用，不管不问也不行。因为学校要求班主任在举行两操活动时要立刻到自己的班级去。就算到了也睁一只眼闭一只眼行不行？也不行。学生在做广播操时那种胳膊腿都伸不直、昏昏欲睡无精打采的样子，一看就让人不舒服；学生在做眼保健操时那种或趴或睡或双手捂脸而不动的姿势，让人一看就来气。如果我们天天因为这个而心烦生气的话，那就太对不住自己的身体了。如果我们带的是差班，那么学生做"两操"活动时的场景可能更"不堪入目"。如果天天让我们面对如此"不堪入目"

的场景，着实是折磨人。

也就是说，我们在"两操"活动面前要有所为，一是为学生的身体考虑，二是为我们的心情着想。那么，怎样有所为呢？

首先，大力宣传做"两操"的益处。毋庸置疑，按质按量做"两操"活动，对身体肯定是有益的。然而学生不屑于做，其中有一小部分学生是因为不明白其中的利弊，此时我们可以简明扼要地做这部分学生的思想工作。"全国各地的学生都在做，要是真没有任何好处的话，那些体育运动科学专家还会那么热烈地呼吁教育部在全国强行推广吗？大家难道连科学都不相信？反正我是相信的，不信大家按质按量地做一段时间，来看看到底是不是可以起到放松和锻炼的作用。你们总该相信自己吧。另外，'两操'活动，不管你是不是认真做，反正时间都是那么长，大家是在市场经济环境下长大的一代，应该知道利益最大化的原则。你们自己想一想，如果天天你们都把'两操'活动的时间浪费掉了，那么整个学生生涯要白白浪费掉多少时间啊！与其这样，还不如我们好好去做呢。"

其次，让文化制度说话。很多班级都在进行学生操行量化评比活动，操行量化分数和评优评先、入团入党、班干部竞选等各方面都挂钩，对于评价学生的操行优劣具有一定的科学性和公平性。对此我们也可以制定相关的制度，将"两操"活动严格规范地纳入考核范畴，对做得好的学生给予加分，对做得差的学生给予扣分，力争对学生在"两操"活动时的行为有规范意义。

再次，班主任要走上前台。既然学校已经要求我们班主任在举行两操活动时要到各自的班级去，那么我们就不要只是应付检查了，最好能走上前台。比如，在学生做眼保健操时，我们可以在教室走道里走动，或者站在讲台上进行巡视；而学生在做广播操时，我们也不要站在学生

七、带好差班的法宝：工作越细越好

的队伍后面和其他人闲聊或者独自发呆，最好是走到班级的最前面，好好地看着学生做。如果我们有足够的威信，只要我们能做到这些，那么自然可以收到比较好的效果。另外，我们班主任其实此时也可以做一些更有意义的活动，比如和学生一起做眼保健操和广播操，这样一方面可以放松、锻炼我们的身体，另一方面可以用我们以身作则的言行来感染学生。我校高三年级的一位班主任，天天和学生一起做广播操，他们班的广播操基本上一点问题都没有。

最后，巧借外力。在我们学校举行广播操活动时，体育组的老师会经常留下一些做得比较差的班级重新做，这对绝大部分学生来说，都是很不情愿的事情，因为他们会感到又浪费时间了。如果学生在做广播操时的长期表现都不尽如人意，那么我们可以事先和体育老师打好招呼，让体育老师把学生留下来再做一遍，这在一定程度上可以起到督促和警示的作用。但是，此法不宜常用，以免学生产生"抗药性"。

值得一提的是，"两操"活动质量的优劣，在一定程度上也可以反映出班级学生的纪律意识、集体意识的强弱，如果"两操"活动的质量长期较差，那么班主任要思考的问题可能就更多了。

10．查寝

> 学校既然安排了班主任查寝这项工作，那我们就不要把它仅仅当成是负担，而应该从中找出更多的教育元素，以便为整体的班级工作服务。

在寄宿制学校，中午及晚上的查寝工作是班主任日常管理工作中的一部分。

学校之所以要安排班主任中午及晚上去查寝，是因为学生可能在寝室里有诸如吵闹、打牌、吸烟、酗酒、赌博、玩手机、违规用电、不叠被子、不打扫卫生等违纪或不良行为，班主任按时查寝，就可以在一定程度上预防此类行为的发生。事实上，班主任如果能利用好查寝工作，不仅能做的工作远不止这些，而且有的工作可能还更有意义。

比如，我们可以常常和生活老师沟通，通过询问学生在寝室的情况来更全面地了解学生，有时也可根据学生在寝室的异常言行来预防突发事件的发生，或者主动解决一些危机。

比如，我们可以利用查寝的间隙和学生进行更为亲切的交谈，因为寝室属于生活区，需要计较的"师道尊严"相关原则少一些，我们会显得随意，学生也会显得随意，这样的心情更容易拉近师生之间的关系、增进师生之间的感情。

比如，我们也可以通过学生在寝室里对我们的言行举止来判断师生关系的亲密程度。在寝室，如果学生也是比较严肃而拘谨地面对我们，这说明师生之间的关系比较僵硬；而如果学生愿意和我们开开小玩笑，这说明学生在一定程度上是可以接纳我们的。我曾经带的一个班级，在我查寝离开时，学生总会对我说一句"晚安"，此"晚安"非通常意义上的晚安，而是根据拼音"wanan"衍生出了新的意义——成了"我爱你爱你"（因为"我爱你爱你"的拼音的首个字母的缩写就是"wanan"）。

……

从我的经历来看，查寝工作不存在什么太大的困难（当然，差班学生在寝室的违纪行为很多，有的也比较棘手），而且还可以做一些很有

七、带好差班的法宝：工作越细越好

意义的事情。但是，我依然想提醒三点：

第一，班主任要关注学生在寝室的卫生及纪律情况，务必确保学生按照要求形成好习惯。比如，让学生把被子叠好、把衣物放好、把鞋子摆好等。这些工作虽然琐碎，但是一旦学生形成习惯，我们就不再需要天天提醒了。

第二，在查寝时，一定要确认学生的到位情况，以防学生发生安全事故。因为有些调皮的学生，可能会跑出去上网或者做其他的事情，如果班主任胡乱查寝而没有及时发现，那么可能会让后续工作变得被动。

第三，寝室算是学生的私人空间，我们要尊重学生。一般情况下，班主任是不会检查异性学生的寝室的，但是即便检查同性学生的寝室，我们也要注意敲门后才进门。就算我们的敲门行为让学生有时间把正在玩的手机藏起来，我们也要敲门，因为这体现了对学生的尊重。

总之，学校既然安排了班主任查寝这项工作，那我们就不要把它仅仅当成是负担，而应该从中找出更多的教育元素，以便为整体的班级工作服务。

轻松进班，等待反复

一段时间以来，"营造无恐惧的教室"是一个比较热门的话题。这个话题之所以这么热门，就是因为很长时间以来，教育的主体——学生一直处在"被灌输、被压制"的环境中，简单地讲，就是学生害怕进教室；广义地讲，就是学生害怕教师及教育。不可否认，这种情况在当前的学校教育中普遍存在，尤其是在学前教育及义务教育阶段，教师及教育的粗暴造就了这部分年龄偏小、心灵脆弱的学生的弱势地位。

然而,我们也不得不承认一个现实:目前,越来越多的教师也害怕进教室了,越来越多的教师也害怕学生了,越来越多的教师也害怕教育了。不久前,我曾怀有这种心理。根据我自身的经历以及与老师们的交谈,我认为老师们之所以会有这么多的害怕,主要有以下几个方面的原因:

首先,老师对学生的懒散、消极、颓废、恶劣的言行感到绝望。这样的老师,多半是上进心比较强、在学生时代表现得比较好的老师。在这些老师的心目中,学生就应该勤奋好学,就应该彬彬有礼,就应该怀揣梦想,就应该生机勃勃……但是,现实情况却是:学生成天无所事事、无精打采、游手好闲,品行不好,习惯不好,成绩也不好。一看到这些学生,老师心中就来气,并且认为自己的教育教学工作都白做了,因为在这些学生身上看不到一丝希望。在差班,这种学生的比例相当高。这是老师们的"一怕"。

其次,老师对诸多问题生感到束手无策。举个例子,我们在上课时,肯定不希望课堂上出现学生睡觉、说话、吃零食、玩手机、随意走动、肆意打闹等现象,但是课堂上却屡屡出现这些现象,而我们好话也说了,坏话也说了,甚至经常吼起来,但是几乎没有任何效果。对此,我们可能有时会埋怨学生们顽劣,有时可能会觉得自己很无能,有时可能会对教育很失望……当这些不良情绪一股脑儿倾泻在我们身上时,我们可能就会感到很痛苦,甚至感到这种情况下的上课活动简直可以摧残自己的生命。久而久之,我们对"走进课堂"可能就比较害怕了。在差班,前面提到的那些糟糕的现象,几乎每天都会有。这是老师们的"二怕"。

最后,老师们担心出现突发事故,使自己的名利严重受损。现实情况是:学生越来越难教育,而教育对老师们的要求却越来越高。在这种情况下,老师们就会产生一种焦灼且矛盾的心理:对于学生的顽劣及教育制度的不合理，个人的力量太渺小，老师们对此既失望又无奈，真想"睁一只眼闭一只眼"；但是，良心困着你，学校盯着你，职称卡着你，绩效考着你，你不尽力去做，可能就会感觉对不起那一部分表现比较好的学生，而且在体制中几乎就毫无"进步"可言。不管，不行；管，又怕出事。出什么事情呢？打个比方，我喝酒了，醉醺醺地去开车，出车祸了，这是我自己的过错造成了我的受害，是"主动受害"；我没喝酒，集中精力去开车，结果被一个疯狂飙车的司机开车撞了，这是别人的过错造成了我的受害，是"被动受害"。我们有时候会因为自己的不冷静造成师生冲突而使自己受害，有时候也会遭遇学生故意的顶撞、谩骂。一旦师生冲突发生，社会几乎是一边倒地批评老师，不管我们是主动还是被动。从这个角度来说，我们是弱势群体，弱势群体最怕受到不公正的对待，最怕受伤害，因为那时的心情是无比苦闷的。就像不久前发生的一位老师在法庭上自残的事情一样，那种令人窒息的心情让人无法用语言来表达。我们很尽力，但是我们很受伤。这是老师们的"三怕"。

当然，上述现象的产生，也有老师们自身的原因。主要有两点，一是心态，二是方法。

关于心态问题，在本书的第一部分已经做了系统的阐述，在这里再强调两点：

第一，既来之，则安之。担任差班班主任，可能并非出于我们的自愿。然而，不管我们是主动的，还是被动的，都要面对现实——我们现在是百分之百的差班班主任。实在不愿意带，那么我们就辞职；如果辞不掉，或者我们有其他目的，那么就只能继续待在这个岗位上了，除此之外，我们别无选择。既然此生注定和差班有缘，那么我们就坦然面对吧。

第二，差班已经贴上了我们的名字。对差班，学校的要求一般都比较低，这是我们担任差班班主任的优势。然而，如果我们对差班放任自流，那么差班无疑会变得更差，变得更差的差班，必定坏事频发，然后我们在时间、精力、心情甚至名利方面都将被坏事重重包围，那时的我们能完全脱离关系吗？显然不可能。与其这样，我们不如积极主动、坚持不懈地管理差班，这才是一劳永逸的明智之举。另外，好班人人可以带，但差班不是每一个人都可以带的。我们的积极主动和坚持不懈，必定会在一定时期后开花结果。此时的我们，不仅带班能力大增，而且能名利双收（现实利益）。鉴于此，我们带了差班就要好好带。

关于方法问题，说句实话，我也只是就我的经历就事论事，我的方法可能既不具有普适性，也不蕴涵教育智慧；但我可以肯定地说一点：解决问题的方法总是有的，而且方法有好坏之分。无疑，我们不仅要找到方法，还要尽量选择好方法。那么，怎么才能选到好方法呢？

首先，好的方法意味着丝毫不会给师生带来灾难性的后果。比如，谩骂和体罚等暴力行为可能会让部分学生有所收敛，但是极易引起师生冲突。从新闻报道来看，那些学生离家出走、跳楼自杀的现象基本上是由严重的师生冲突造成的；而那些被学生及家长谩骂、围殴及状告的老师，多半也是师生冲突的制造者。好的方法，既要能保护学生，也要能保护我们自己。

其次，好的方法来自学习和实践。我们不得不承认，一些老师能把差班带得很好，能让绝大多数差生对其佩服得五体投地。他们肯定有秘诀，此时我们需要拿出足够的勇气和诚意去真正深入地学习。另外，带差班的方法和带好班的方法虽然有差别，但并不是毫无交集可言，一些科学的教育方法是普适的。把这些学习过来的好的方法，积极主动地用于实践，并长期坚持下来，会收到良好的效果。

最后，好的方法产生良好效果的关键在于长久的坚持。教育是慢的艺

七、带好差班的法宝：工作越细越好

术；学生的犯错具有反复性。这两个客观情况决定了教育是一种长期的系统工程，我们实在不能奢望教育像炒菜一样，加点盐，菜就立刻会变咸。我们对学生的唤醒，是通过量的累积而使学生发生质变。鉴于此，当我们看准一种好的方法后，剩余的工作就是坚持、再坚持。我曾经带过一个班级，早读课那是相当安静，每天早晨到班后，我一个接一个地提醒"请你大声读出来"，每天早晨都这样。半个学期后，需要提醒的学生已经很少了，读书声虽然谈不上有多么响亮，但是比先前的已经好百倍了。

差班有太多的问题，我们不能因此而害怕。我们要轻轻松松地进班，准备好方法等待反复出现的问题，这是略显笨拙却具有实效的成功之道。

八、带好差班的保障：处理好突发事件

 **故事导读**

智利矿难之谜

2010年10月13日，智利圣何塞铜矿被困的33名矿工全部被成功营救。自8月5日矿难发生以来，33名矿工已经创造了被困地底时间最长且成功生还的世界纪录，这不能不说是一个奇迹。那么，这个奇迹是怎么产生的呢？

智利法规规定，矿井内必须保证配备以下基本的安全条件和措施：第一是从作业区通往地上安全地带的逃生通道；第二是作业区内相隔一定距离配备井梯，以方便矿工在事故发生时逃离事故地点；第三是地下式矿井内部的避险硐室，硐室内最低限度必须备有足够被困人员48小时内生存的物资；矿井内必须保证每10人能有一个卫生间，每50人能有一个提供洁净饮用水的设备，每15人能有一间浴室，有全天候可供10人共用的热水；地下式矿井下必须保证有两条时刻畅通的通信线路，矿井内必须保证每人每分钟有3立方米以上的新鲜空气，通风速度保持在每分钟15～150米。

美国《基督教科学箴言报》网站10月13日发表的文章称，智利矿难营救取得成功在一定程度上得益于家属、矿工个人、救援设备、政府以及不计代价等五大因素。

在差班，各类突发事件更为频发，为了更好地应对那些突发事件，我们必须对此提前有所准备。

案例一：学生殴打老师

> 因为外部的工作是为班级内部工作服务的，问题处理的最后落脚点还是在班级。

起因：老师轻拍学生的脸

> 学生的额头、脸部、脖子等部位都是比较敏感的是非地，作为老师，我们不要轻易去指学生的额头、去拍学生的脸部、去抓学生的脖子……

10月28日上午，在第一节语文课上，吴老师板书了一些重要内容，要求学生记笔记。其他学生都在认真记录，只有男生王安景不仅没有记录，而且在随意说话。于是吴老师点名提醒王安景赶快认真记录，谁知王安景不但没有进行记录，反而叫嚣着说出"我已经记录好了，不信你来检查"的话来。吴老师于是就去看个究竟，此时王安景知道谎言即将被揭穿，于是急忙去记录，但是手忙脚乱的他根本找不到记录的地方。见此情景，吴老师先是说"没写为什么还要说谎啊"，然后用手背轻轻地

八、带好差班的保障：处理好突发事件

碰了一下王安景耳朵下面的脸部以示提醒。没想到王安景当即跳起来并给了吴老师一巴掌。吴老师很生气，随即还了王安景一巴掌。此时，班干部及周围的同学过来拉住双方。此刻吴老师意识到这样的事情发生在课堂上很不应该，于是对王安景说："此事到此为止，有什么问题我们课下再解决。"于是其他同学把双方松开，谁知被松开的王安景又上前狠狠地打了吴老师一巴掌，把吴老师的眼镜都打落在地上。受了极大屈辱的吴老师，此刻仍然很克制，要求王安景到办公室去找班主任，而自己继续上课。

吴老师，是位年过四十的中年老师，个人修养非常好，在穿着打扮方面清爽干净，在教学工作方面一丝不苟。对学生，他严格要求，一是一，二是二，讲课、批改、纪律等方面都做得有板有眼。总之，吴老师是一位工作踏实、尽职尽责的老师。

王安景人高马大，烫着黄头发，不善于言谈，大问题也没有，就是平时喜欢说说小话。从平时的观察来看，王安景属于那种封闭且冲动的学生。

沟通：五方会谈

> 突发事件一旦发生，势必会牵涉到学校、家长、学生以及班级等各方，作为班主任，我们必须协调好各方的关系，并尽力做好联系、汇报、谈判等沟通工作。

那天第一节课，我在其他班级上课，下课后我刚进入办公室，王安景就跟着我进来了。当得知他和吴老师之间的冲突后，我非常生气，我严厉地批评了王安景,然后迅速去找吴老师沟通,此时吴老师的心情比较苦闷,我们只是简单地谈了一下事情的经过。

我回到办公室,理一理思路,先是找到校长(政教处主任请假未在学校)通报了此事,然后电话通知王安景的家长立刻到校。王安景的父亲明确表示孩子错了,但是自己身在天津,只能让孩子的堂哥及时到学校参与处理问题。

在做了上述两件事情后,我先让王安景在办公室写事情的经过,然后在另一地方通过对其他一些比较正直的同学的访谈,来进一步了解事情的真相及细节。另外,我迅速地召开重点班委会议,一方面营造正确的舆论氛围——学生打老师是非常恶劣的,另一方面希望学生能把内心对恶劣事件的谴责以及对吴老师的劝慰写在纸片上并送给吴老师,以请求吴老师释怀。

等我调查完后,王安景的堂哥及舅妈都赶过来了,我简单地把事情说了一下,王安景的堂哥明确表示:不管怎么样,学生动手打老师,那肯定是不对的,并请求学校不要开除王安景。

我当时的想法是:

这件事情对吴老师的负面影响比较大,尤其是在学生面前,吴老师可能觉得很难堪。另外,鉴于王安景及其家长的良好的认错态度,我认为有必要及早在班级举行一个庄重的道歉活动,也就是说,先为吴老师挽回一些尊严,因为吴老师毕竟马上还要在我们班上课,至于对王安景同学的处分,现在一时半会儿学校还不能给予明确答复,可以不着急。

在这样筹划的同时,我把王安景的堂哥及舅妈带到吴老师的办公室,王安景的堂哥及舅妈二话没说就给吴老师道歉。我委婉地表达了上述想法,吴老师当场就否定了我的想法,他说"不急"。从吴老师的办公室出来后，我又去找校长，校长表示这件事情等政教处主任回来后再处理，同时王安景由其堂哥及舅妈带回，以防再有"余震"发生。我把校长的意思转达给王安景的堂哥及舅妈，同时要求他们周日晚上六点到校（因为周末放假）。紧接着，我又把校长的说法告诉了吴老师。

周日晚上，王安景按时到校了，但是其堂哥及舅妈没有来，校长及吴老师都比较生气。我意识到王安景的父亲有必要回来一趟，于是我给王安景的父亲打电话，交流内容如下：

"王安景按时到校了，但是其堂哥及舅妈均没有过来，你看这件事情还怎么处理呢？"

"我现在人在天津，老师，你看怎么处理更合适些？"

"我觉得你有必要回来一趟。"

"哦？"

"我是这样想的，对于王安景来说，这件事情是个大事，主要有以下几点：一是王安景敢于动手打老师，我认为这是比较恶劣的事情，作为家长，你非常有必要坐下来好好地和他沟通一下，以让王安景真正地经一事长一智，从这件事情中吸取教训并学会做人，否则他按照这个样子走上社会，那是肯定要吃大亏的；二是吴老师出于提醒王安景的目的拍了他一下，而王安景竟然因此打了吴老师一巴掌，如果这样的话，那以后没有老师敢教育他了，就连我这个班主任可能都不会再教育他了，我认为家长有必要诚心诚意地去消除这种恶劣影响；三是如果王安景不被开除的话，那么他还会在我们班级，仍然是由吴老师教他的语文，如果我们没有把事情处理好，吴老师和王安景都不能释怀，那么以后可能还会发生一些不愉快甚至是更激烈的事情，我认为我们此时有必要共同把这件事情解决好；四是学生动手打老师，这是学校的底线，等调查清楚后,王安景可能会被开除,作为家长,你有必要亲自为孩子的上学问题做点什么,不管是转学、借读,还是向学校领导求情,这些问题靠王安景自己肯定是解决不了的。"

"那我还要请假,这样可能需要两三天的时间。"

"好的,你尽快就是。另外,在这几天,在问题彻底解决之前,学校的意思是,先让王安景不上语文课,以免再发生什么事情,你看怎么样?"

"好的。"

"那好,当上语文课的时候,我会安排王安景在我的办公室自学。"

……

三天后,王安景的父亲来到了学校,我先是带着他去见吴老师,然后我、吴老师、王安景、王安景的父亲一起来到了校长室,听取学校的处理意见。

处理:都是为了教育

> 突发事件的发生,可能会让我们在奖金、面子等方面蒙受巨大损失,但是我们的角色注定我们不能对此斤斤计较,否则问题很难顺利解决。这是我们必须具备的大局意识。

本着教育的目的(我们学校从不开除学生,就算学生无故辱骂殴打老师),经过吴老师的坚持及我的争取,学校最终做出如下处理:鉴于王安景及其家长的诚恳态度,给予王安景试读处分,以后再有类似事件发生,将严肃处理;在学校相关领导、王安景的家长、班主任等在场的情况下，王安景在班级公开检讨并致歉；王安景的家长就此事在班级做出简要说明。

那天晚自习课上，在相关人员到齐后，作为班主任的我，主持了这个"检讨及道歉仪式"。具体程序如下：

"10月28日上午，在第一节语文课上，王安景在违反纪律并说谎的情况下，恶意揣测吴老师的善意提醒行为，并动手殴打老师，酿成了严重的后果。为了使王安景同学更好地成长，我们特邀请校长及王安景同学的父亲来到我们班级，共同举行一个庄重的检讨及道歉仪式。下面请王安景同学讲话。"

王安景读完检讨后，王安景的父亲简单说了几句话，并向吴老师道歉。

第三步是校长发言："作为学生，对老师动手，这是非常恶劣的行为。按照我们学校的校规，王安景同学是要被劝退的。然而，鉴于王安景同学真诚的认错态度，其父亲不远千里从天津赶回来的恳切行为，以及吴老师令人敬佩的包容心，学校决定从轻对王安景同学进行处理，仅仅给予留校察看的处分，希望其他同学引以为戒。"

最后，我做了简单的总结，并发起了号召。

"我们班级教室的墙壁上贴了两句话，一句是'用别人的优点不断完善自己'，另一句是'用别人的缺点持续警示自己'，这次事件的发生令人感到心痛。正如校长所说，我希望全班同学都能从这件事情中吸取教训，并应用于以后的为人处世中。另外，王安景同学是我们班集体的一分子，王安景同学的行为，从某种意义上说，也算是我们班集体的行为。吴老师自从接手我们班级以来，认真负责，为大家的学习及成长付出了大量心血。现在，我提议我们班集体的所有成员都站起来，向吴老师鞠躬道歉。"

最后，王安景及其父亲又到吴老师的办公室进行了简单的交流。整个处理过程就是这样。

经验：班主任应该怎么做？

> 班级出现这么恶劣的事情，班主任生气那是自然的，但是班主任更应该去解决已经出现的问题，而不是使问题更加棘手。此时我们需要"忍辱负重"。

下面按照时间的顺序，来阐释作为班主任的我对这件事情的反思。

事发那天，当我听王安景亲口说他打了吴老师之后，我非常生气，当场指着王安景的额头严厉地批评了他，并且朝他的屁股上踢了两脚。

愤怒、动粗是我第一时间的表现。按照常理来说，在从未接触类似事情及备感震惊的情况下，我的愤怒及动粗的行为是可以理解的。然而，此时我忽略了自己最应该拥有的角色——解决问题者，而不是问题制造者。班级出现这么恶劣的事情，班主任生气那是自然的，但是班主任更应该去解决已经出现的问题，而不是使问题更加棘手。这里面有一个可能随时使问题升级的因素：

在我的思想里，无论如何，学生是不能动手打老师的，这是底线，然而，这只是我的底线，并不是王安景的底线，再说我也不知道王安景为何对吴老师动手。在这种情况下，如果王安景当时依然火气很大，那么火气很大的他遇到愤怒的我，就极有可能引起第二场师生冲突，如此这般，问题的后续处理将变得错综复杂。当然，如果我在"察言观色"的基础上，确认王安景已经非常冷静而且自己在王安景面前还是有一定

八、带好差班的保障：处理好突发事件

威信的话，那么是可以严厉批评他的。不管怎么样，在冲突爆发后的第一时间内，班主任需要"冷却"，"冷却"的目的是为了思考问题的后续处理措施；学生需要被"冷却"，被"冷却"的目的是为了防止问题升级。

在和王安景进行简单交流后，我找到了吴老师进行沟通，并征求吴老师的处理意见。

按照一般情况，发生这么恶劣的事情，班主任那是必须要在第一时间内上报学校相关处室的，但是这必须具备两个条件：一是征得相关老师的同意，二是基本了解事情的经过。在我先后和王安景及吴老师沟通后，我已经基本上了解了事情的发生过程，然而到底要不要报，还要征求吴老师的同意。因为吴老师可能有自己的特殊考虑，作为班主任，我必须先征求科任老师的意见，这是对科任老师的尊重。

在征得吴老师的同意后，我及时向学校领导如实汇报了情况。

这样做，既是处理较大问题的应有程序，也是在更好地发挥作为班主任的衔接作用。

在获取学校相关领导的处理意见后，我紧接着打电话联系了王安景的家长，简单地叙述了事情的大致情况。

现在想一想，联系家长这一步非常重要，因为根据我国目前类似事情的实际情况，我们有可能会遇到两种截然不同的家长：一种通情达理，一种蛮不讲理。通情达理的家长，既会用利益来评价事情的好坏，也会用良知去判断是非，这样的家长，是可以说理的，同时也是愿意配合解决问题的。而蛮不讲理的家长，他们可以把"黑"说成"白"，是不会用良知来判断是非的。事后我在思考本次事件时，就曾非常担忧——倘若王安景的家长咬定吴老师动手在前，责任在吴老师怎么办？因为吴老师的确是先用手背去触碰王安景的脸部的，虽然是提醒，但是真的不好解释清楚，毕竟脸部是一个比较敏感的部位。我、吴老师以及学校都是庆幸的，因为王安景的父亲通情达理；王安景也是庆幸的，因为他的有良知的父亲是真正为他好。很显然，如果是蛮不讲理的家长，当他们认定孩子在学校被老师打了两巴掌之后，那么他们极有可能纠结一帮人来学校闹事，再扬言上告教育局，这样一来，问题的处理将会变得复杂、困难，那个时候，学校在权衡各方利益的基础上，会不会牺牲老师的利益呢？不管怎么说，当班主任初步判断家长的类型后，也要及时向学校领导和科任老师通报情况，以让他们提前思考适宜的应对措施。

在处理完相关外部工作后，我及时和其他学生沟通，并召开了班干部会议。

我认为此步工作非常重要，因为外部的工作是为班级内部工作服务的，问题处理的最后落脚点还是在班级，此步工作正是班级内部具体工作的开始。首先，通过对其他学生的访谈，可以让我更加准确、更加全面地了解事情的来龙去脉，以便为客观处理问题做铺垫。其次，通过召开班干部会议，我可以了解班干部对事件的普遍看法，如果他们在判断是非上出了偏差，那么我有必要尽力引导；如果他们能正确评价事件的是非问题，那么我要尽力巩固、强化他们的认识。最后，通过相关班干部，我可以与他们商讨事件的处理方法，并布置相关重要工作，比如我希望学生能给吴老师写一些劝慰性质的文字。这些内部的基础工作，有利于营造正确的舆论导向，同时也有利于使班级更快地稳定下来，因为在发生这么大的事情之后，同学们肯定会议论纷纷且人心不安的。

当王安景的堂哥及舅妈赶到学校后，我一方面安排他们与吴老师沟通，另一方面也表明了学校的立场，并按照学校的要求，让其先把王安景带回家进行教育，然后按照约定时间到校处理事情。

这一步工作是常规性工作，基本上不会出现大问题。当然，此时也可能出现一些意外情况，比如，当和孩子沟通后，家长发现有隐情，或者孩子身上有明显的受伤痕迹，可能一下子也会"急"起来，致使事情的处理朝着不好的方向发展。万一遇到这种情况，班主任要及时联系相关领导，或者在家长到校时就干脆直接让家长和相关人员在校领导办公室见面，这样更有利于学校处理问题，同时也可以避免因班主任的不当言行而使矛盾激化。

当王安景的堂哥及舅妈未能按照约定时间到校处理事情时，我极力劝说王安景的父亲从天津不远千里赶回来。

对于极力劝说王安景的父亲不远千里从天津赶回来，虽然王安景的父亲颇费周折，但我认为那是完全有必要的。这样做的理由，已经在前文中做了详细说明，此处不再赘述。

最后，在班级内部进行的"检讨及道歉仪式"工作，包括王安景检讨及道歉、王安景父亲道歉、校长做出说明以及班主任携全体学生道歉等内容。

对于这项工作，我认为有几个"亮点"：

首先，王安景的父亲不远千里从天津赶回，足以说明此次事件的恶劣以及家长和学校对事件的重视程度，这样可以进一步引导学生思考这件事情的严重性。其次，不仅请到了校长，而且校长还做出了恰当的说明，这样的说明既有制度的阐述，同时也包含人文关怀，对学生有教育意义。最后，作为班主任，我携全体学生向吴老师道歉，倒不是出于装装样子的目的，而是让学生感到什么是集体及做人的良知。一方面，任何一个学生受到处分或者表扬，在他的名字被提到前，班集体的名字总是先被提到，一个人好的、坏的言行都会被记在集体的头上，作为一个大集体，我们必须为集体的每一分子的言行负责。另一方面，对于吴老师来说，这件事情给他带来了很大的屈辱，我打心底里觉得对不起吴老师，因为是我所带班级的学生打了吴老师，作为班主任，我也有责任。

总之，回头来看这件事情的处理过程，我认为作为班主任的我，已经尽了最大的努力。

案例二：女生失踪了

> 此时，班主任要考虑的问题，不是如何处分学生，而是如何更好地尽到自己的责任，只有这样，班主任才能更好地保护学生以及保护自己。

假象：女生请假了

> 小林说她生病了，想出去打针，但是找你请假时你不在办公室。

周四晚上，于老师正在上晚自习的时候，接到了女生小林的"父亲"的电话："小林说她生病了，想出去打针，找你请假但是你不在办公室，现在小林正在学校大门口等着呢。"于老师告诉他，按照我校的规定，孩子请假时必须有家人过来接才可以出去。小林的"父亲"说，他现在比较忙，能不能让小林的"哥哥"替他过来接小林。于老师告诉他可以。

此时正巧我校政教处主任经过学校大门口，发现小林站在门口，就问其缘由，小林就把事情跟政教处主任说了，政教处主任就给于老师打

八、带好差班的保障:处理好突发事件

电话核实有没有这件事情。在得到肯定答复后,政教处主任问明小林家住在哪里,因自己刚好要经过小林所说的地方,就决定顺便送她回去,并给小林的"父亲"打电话让他不用过来。

不一会儿,政教处主任就把小林送到她家所在小区的门口了。政教处主任叮咛小林,一定要先回家,然后让家人带着去医院。小林答应了。

回放:假父亲

> 小林的身上有淡淡的酒味,一个女孩子为什么要喝酒?另外,小林的"父亲"声音显得很年轻,不像中年人的声音。

政教处主任继续驾车前行,但是走着走着突然感到有点不对劲,因为小林的身上有淡淡的酒味,一个女孩子为什么要喝酒?另外,小林"父亲"的声音显得很年轻,不像中年人的声音。这里面可能有问题,于是就给于老师打电话,问于老师小林平时的表现情况,政教处主任一听"她的表现不太好"这句话,明确要求于老师立刻查找小林的家庭住址,并按照原先登记的号码打过去询问小林是否到家。

小林的父亲说,小林压根儿就没有往家里打过电话,更不要说请假回家打针了。

那个为小林请假的"父亲",原来是个冒名顶替的假父亲!

小林的父亲给小林打电话,但是小林的手机一直处于关机状态。

当这个消息反馈到政教处主任那里的时候,政教处主任觉得问题不小,立刻让于老师通知小林的父亲到校商讨对策。

在等待小林父亲的过程中,于老师详细地向政教处主任叙述了小林

在校的表现情况：不学习；不喜欢和别人交流；经常玩手机；据同学反映，和本年级一个早已退学的男生联系紧密。

当小林的父亲到来后，政教处主任首先向他说明了具体情况，并声称当务之急应该是找到小林。

小林的父亲很担心，也就没有急于追究责任，于是政教处主任、于老师以及小林的父亲开始寻找小林。但是，两个小时过去了，学校及小林家附近的网吧、歌厅及宾馆都被找了个遍，也没有发现小林的行踪，而小林既没有回家，也没有重返学校。小林的父亲和市区的几位亲戚也逐一联系了，但是依然没有小林的消息。

此时，已经是夜里11点了。

小林的父亲、政教处主任及于老师，在焦急中又回到了学校，并开始仔细地分析小林的意图。

小林不太可能离家出走，因为今天已经是周四，而小林返校那天从家里带的钱并不多，也就是说小林身上剩余的钱很少，不大可能出远门。

小林不大可能是出去上网玩游戏或者唱歌什么的，因为附近的网吧、歌厅及宾馆都已经被找过了，并没有发现小林的行踪。

此时，那个冒充小林父亲的神秘男子成为关键人物了。

那么，这个神秘男子到底是谁呢？

是不是那个退学的男生呢？

想到这里，政教处主任马上联系了那个退学男生的班主任，请帮忙提供那个男生家长的电话号码。当获得那个男生家长的号码后，政教处主任急忙打过去，但是希望很快就破灭了，因为那个男生的父亲说，自己的儿子在家呢，而且早就睡觉了。

此时，小林的父亲非常着急，同时也很生气，大有埋怨政教处主任及班主任的意思。然而,政教处主任及班主任又怎么能轻易一下子就判断出那个神秘男子是在冒充小林的父亲呢?!

问题仿佛走进了死胡同。

就在这时,一个重要的人物出现了,他就是学校门卫,据他反映,那个已经退学的男生经常来给小林送东西。这个消息非常重要。也就是说,小林和那个已经退学的男生之间的关系确实很亲密,而电话中的那个神秘男子很有可能就是已经退学的那个男生。

在确定这个消息后,小林的父亲决定亲自到那个男生家去寻找女儿。

而小林,真的就在那个男生家里(关于那个男生的父亲为什么说自己的儿子在家并且早已入睡之类的话,和本文探讨的案例无关,在此略过)。

隐私:在保护中教育

> 一个十七八岁的女孩子,在喝了酒的情况下住进了一个男生的家里,无论如何也是解释不清楚的。

小林在家里待了两天后,又来到了学校,是他父亲陪着她来的。

学校怎么处理小林呢?

如果单从事情的性质来看,那么这件事情对小林的影响还是比较恶劣的,因为一个十七八岁的女孩子,在喝了酒的情况下住进了一个男生的家里,无论如何也是解释不清楚的,这样的事情一旦被传扬出去,小林将很难再在学校进行正常的学习和生活。

整体来讲,小林是一个性格偏内向的女生。对于这样的女生,给予全校公开的处分肯定是不适宜的,更何况小林的事情还牵涉到个人隐私呢!

经过一番思考后，学校是这样处理的：首先，由家长、班主任及政教处主任，通过动之以情、晓之以理的交流方式，委婉地让小林认识到这种行为可能产生的严重后果，并要求小林体谅父母及老师的心情，同时也欢迎小林就一些事情主动征询家长及老师的建议；其次，与小林的家长签订安全协议书，以后再出现类似的事情，学校概不负责，小林以后要请假，家长必须尽量亲自来接；最后，学校要求班主任也不要在班级公开处理此事，以免造成更大的恶劣影响。

也就是说，学校出于保护小林的目的，一方面没有紧紧盯着处分不放，另一方面友善地顾及小林的隐私，可谓做得仁至义尽。

（注：因为于老师和我处于同一办公室，所以我对这件事情的来龙去脉均比较清楚，本案例正是在这种基础上完成的）

教训：班主任能不能做得更好？

> 如果我们的工作能避免糟糕的事情发生，那么这应该是最有意义的工作，要比事情发生后的任何处理工作都重要得多、睿智得多。

作为班主任，我们可以从这件事情中吸取哪些教训呢？

就事论事，在学生请假时，按照学校规定，班主任在接到了家长的电话后，是可以批假的。单从这个角度来说，于老师及政教处主任均不需要承担什么责任，即便后果很严重。因为学生如果想找一个人假冒自己的父亲或母亲是很容易的，只要我们没有亲眼见过他们的父母或者没有亲耳听过他们父母的声音并且牢记于心，那么我们就不能轻易地一下子判别出真假。

然而，话虽如此，我们还是不能不多考虑一些问题。首先，从保护学生的角度来看，即便我们对事情不负任何责任，但是学生却因为这些事情而受到了伤害，那么我们无论如何也是会感到心痛的，因为他们毕竟是我们的学生，这种特殊关系决定了我们对学生的受伤会感到于心不忍。其次，从班主任专业成长的角度来看，上述及类似事情，本来是可以避免的，只要我们工作够细心或者专业水平够高，上述及类似事情的发生，无疑说明了我们的专业水平还有待提高。再次，从班主任自我保护的角度来看，在上述事件中，如果小林受到了更为严重的伤害，那么班主任及政教处主任均必定会被牵连其中，就算班主任及政教处主任均不需对事情负任何责任，但是在教育及教师处于弱势地位的今天，糟糕的事情一旦发生，愤怒的家长一旦闹起来，教师有时是有理也说不清的。最后，从解决问题的角度来看，对上述及类似的事情，预防大于一切，因为我们把事情预防住了，就根本不用考虑后续事情了；而一旦事情发生了，我们不管如何考虑后续事情，都注定不会收到一个完美的结果，更何况有时事情的结果还非常糟糕呢！

那么，我们如何才能更好地防止上述及类似事情的发生呢？

首先，对特殊学生多留意。不同类型的学生，不仅需要不同的教育方法，同时也需要不同的交往方式。对一些性格、家庭及言行等比较特殊的学生，我们平时要多加留意，他们在要求我们办什么事情时，我们要对事情的来龙去脉多长个心眼，多想想这样办会不会有什么漏洞。比如，在小林的"父亲"打电话过来请假时，于老师如果能稍微多想点，就可以避免此事的发生：于老师虽然在上课，但是上课地点离本班教室并不远，一般情况下，对自己的班主任教哪几个班级的课这种事情，学生还是比较清楚的，或者说，学生只要到办公室随便问一下，就可以找到班主任，而学生为什么不亲自来找班主任说明情况呢？另外，学生在请病假时，一般都是要有医务室的证明的，而小林是不是根本就没有生病呢？假如小林没有生病，而又急着出校门，是不是有什么特殊的事情呢？据同学反映，小林和那个退学的男生交往过密，她是不是想出去和那个男生约会呢？这样一想，事情基本上就可以避免了。

其次，对经常发生的问题多做预防工作。在差班，一些学生为了出去玩，经常找人冒充家长给班主任打电话，为此我们可以将已经确认的家长的手机号或者电话号码输进自己的手机通讯录，倘若请假号码和确认的号码一样，那么就不需要太多考虑；如果请假号码和确认号码不一样，那么我们就需要进一步核实了。如果于老师能将小林家长的号码存进手机，那么极有可能就会避免这件事情的发生。

最后，务必按制度或程序办事。事实上，一些事情的发生之所以让班主任很被动，就是因为班主任未能按制度或程序来办事。比如，小林的"父亲"代小林请的是病假，按照学校制度，学生请病假需要医务室的证明，小林明明没有医务室的证明，那么如何请病假呢？于老师如果严格按此制度办事，就会要求小林先到医务室开个证明，或者请小林的父亲先带着小林到医务室开个证明。如果小林的"父亲"推三阻四地不想到医务室开证明，那么于老师可能就会有所怀疑了，这样也可以避免事情的发生。

面对上述及类似的事情，班主任工作的最大意义，应该是通过努力避免事情的发生（这既是保护学生，也是保护自己，因为学生或自己一旦受到伤害，后续事情做得再完美也于事无补），而这需要我们拥有更多的教育智慧及更高的专业水平。

案例三：课间的围殴

> 每一个问题的出现，肯定均和当事学生的特殊心理状态有关，具有"不可替代性"。也就是说，面对同一种场景，有的学生可能会出事，而有的学生可能会泰然处之。然而话虽如此，我们却不能以此作为"班主任工作低效"的遮羞布。

性质：恶劣

> 校长及校办主任是跑步前往"群殴现场"的，因为这种阵势不仅很少见，而且容易酿成后果不堪设想的安全事故。

周日下午第一节课后的课间，我班男生小辉带领着两名已退学的男生，直接到高一（5）班的教室里去围殴一名男生。事情的具体经过是这样的：

小辉事先和那两名已退学的男生约好，那两名已退学的男生提前翻越院墙进入校园，等下课的时候，他们就一起直奔高一（5）班教室，而且在走之前还公开告诉我班学生他们去打人。这样，他们的队伍就由三个人变成了一大群人，其中除了我班学生外，还有其他班级的学生。

一支浩浩荡荡的队伍就这样开赴高一（5）班了。

到了高一（5）班之后，小辉把那名男生喊出来，其他人随即就把那名男生摔倒了。之后，小辉及那两名已退学的男生，就开始对那名男生一阵拳打脚踢，其间那些看热闹的学生，也有的趁机练练拳脚。

因为是在课间,所以这起群殴事件很快就被值日校领导及老师发现了,那些看热闹的学生于是一哄而散。其中校长及校办主任是跑步前往"群殴现场"的,因为这种阵势不仅很少见,而且容易酿成后果不堪设想的安全事故。前不久某校发生的群殴事件,就差点酿成人命惨案,因为学生在打架时使用了刀具,其中一名胸部中刀的男生在手术中肺部被切去了1/3,直到二十几天后才脱离了生命危险。可以毫不含糊地说,校园群殴事件是性质最为恶劣的违纪事件。

正鉴于此,校长也亲自参与了审理此案。

另外,除此之外,对本次群殴事件负有主要责任的小辉,在上学期就因和那名男生之间的纠纷而被警告了一次。

其中,作为班主任的我,在对其动之以情、晓之以理之后,更是提出了严明的警告:

"你如果找人打了别人,那么别人会善罢甘休吗?别人就不能找人打你吗?这种打过来打过去的方法只能使矛盾升级,使问题更加棘手。显然,这种打过来打过去的方法,是最为愚蠢的方法。更何况,任何人在学校里打架,那肯定早晚都会被发现且会被严重处分的,你喊谁给你当帮手,那么你就害了谁,因为这样的事情不可能查不出来,我们不能因为自己的事情而害了同学。遇到这种被挑衅或者急需解决矛盾的事情,我们最明智、最能保护自己的方法,就是报告老师,如果情况比较严重,那么我们还可以报警,千万不可以暴制暴,因为我们的社会是法治社会,一切鲁莽粗暴的斗殴行为肯定都会受到校规的处分或者法律的制裁。"

然而,小辉还是这么明目张胆地进行群殴活动。这让事情的性质变得更为恶劣。

缘由：不可思议

> 小辉说，那名女生是自愿的；然而这名女生却对那名男生说，小辉是强吻她。

那么，小辉为什么要殴打那名男生呢？

在上学期，他们之间险些产生冲突时，我及学校领导就参与了调查，他们均口口声声说初中时两人就有点矛盾，现在身处同一所高中，有时无意中见面时彼此会感到不舒服，甚至还会发生一些口角，除此之外，别无其他缘由。

然而，这次事情的缘由令人不可思议，因为平时颇显内向本分的小辉，却做出了让人震惊的事情。

原来那名男生对一名外校女生有好感，不巧小辉对那名女生也有好感。因为他们本来就有点矛盾，而这一次又增添了一层"情敌"的关系，致使他们之间的矛盾迅速升级。为此，在寒假期间，他们曾"单挑"过，但是身体瘦小的小辉明显不占上风。

既然打不过"情敌"，那么不如转变方向，于是小辉由和"情敌"单挑而转向更加猛烈地追求那名女生了。寒假期间，在几个朋友的帮助下，小辉更是成功邀约那名女生在饭店包厢里聚餐。然而，问题就出在包厢里。

席间，在那几个朋友的怂恿下，小辉当场吻了那名女生——小辉说，那名女生是自愿的；然而这名女生却对那名男生说，小辉是强吻她。这无疑让那名男生无比愤怒，这种愤怒直到开学后还没有丝毫散去。于是他三天两头就去找小辉单挑，而小辉不敢贸然应战，同时也越来越觉得自己老是不应战也显得太过软弱。而那名男生，也是越来越过分，竟然在各种不同的场合挑衅小辉。据小辉说，他就是在万般无奈之下才被迫决定找人教训他的。

刚好那两名已退学的男生和小辉的关系不错，小辉把想法一说出来，他们就表示愿意帮忙。

处分：由学校做主

> 按照校规，小辉理应被劝退，更何况学校最怕出现安全事故，一旦发生了严重的安全事故，学校及班主任都是无法承担责任的，在没有更好的解决办法的情况下，我们只能这样做。

虽然制止及时，但是当校领导及老师救出那名被打的男生时，那名男生的耳朵还是被抓破了，而且这名男生还称自己"耳朵里轰轰响"。学校当即将该男生带到医院检查，同时也展开了对事情的调查。

那两名退学的男生是被当场抓住的，而小辉当时是跑掉了。但是，那两名退学的男生很快就把小辉供出来了。然而，事情并没有这么简单。因为据那名男生所说，当时动手打他的人至少有六位，也就是说，除了小辉及那两名退学的男生之外，还应该有其他人参与打架。而小辉，在政教处办公室待了将近三个小时，硬是说没有其他人了。

我看事情这样拖着也不是办法，就把小辉喊出来问问情况，但小辉依然说，他的确和我班另一名男生小昊说起过这件事情，但是小昊根本就没去。

小辉的家长也问小辉，到底还有谁参与？但是事情依然没有什么新的进展。

按照学校的意思，小辉痛痛快快地把事情说出来，学校再从中把各位学生及家长喊过来，大家坐下来好好地把事情彻底解决掉，以免留下后遗症；虽然那名男生伤得不重，但是这起事件的性质比较恶劣，学校必定会给予小辉处分的，按照校规，小辉应该被给予"劝退处分"。

然而，小辉就是不说还有谁参与；而那名男生坚称至少有六个人动手打他。这样，事情的调查就陷入了僵局。

过了几天后，小辉依然说自己没有喊其他人；而那名男生依然坚称至少有六个人动手打他。学校领导觉得无奈，因为他们本想把事情调查清楚后再彻底把问题解决，以免双方家长再有后顾之忧，而不是简单地给双方学生一个处分就完了。而我，也赞同学校的做法。

另外，学校也建议小辉的家长给小辉办理转学或者到外校借读的手续，因为发生这样的事情之后，一旦事情的真相被传扬开来，小辉在校的生活、学习必定会受到干扰，他也根本无法静下心来学习，家长不如给他换个新环境。

小辉的家长向我说，"劝退处分"是不是太严重？我把小辉家长的想法说给学校领导听。学校领导解释说，上学期我们已经做了小辉的思想工作，同时也告诉他最为明智的处理事情的方法，但是小辉并没有从上一次的事情中吸取教训，同时也没有在意我们善意的提醒，竟然这么明目张胆地喊社会青年进校殴打学生；还好这次发现得早，要不然六个人打一个人，还不把人家打废打残了；更何况，他们万一要是使用了什么刀具，那样后果更是不堪设想，前不久外校不就有这样的例子吗？我们之所以做出这样的处分，一是因为按照校规，学校理应给予小辉"劝退处分",二是因为小辉以前并没有听进我们的建议,谁又能保证他这一次能从中吸取教训呢?在事情未能彻底解决的前提下,他们之间还可能因为旧矛盾而起新冲突,万一因此而出了更严重的安全事故,你我都是承担不了责任的。

学校领导的解释合情合理,我也只能尊重学校的意见。

反思:班主任的工作为什么这么低效?

> 相对来说,差班的问题更多,我们班主任在带差班时,除了要尽力做一系列理应做的分内工作外,还应尽心思考如何把这些工作开展得更有效。

近几年,我校几乎所有的差班每学期均会出现一些比较大的问题,比如"学生殴打老师"、"学生无故失踪"以及"学生打群架"等,至于抽烟、逃课及恋爱,那更是家常便饭了。这里的差班,包括个别相对来说比较好的班级,而我自己所带的班级,平均每学期至少要出现一个比较大的问题。

当问题出现后,我总会感到很"郁闷"——为什么我所带的班级总是会出事啊?

一个领导曾宽慰我说:"那是因为你的运气不好!"

诚然,世界上没有两片完全相同的树叶,也没有两位完全相同的学生。每一个问题的出现,肯定均和当事学生的特殊心理状态有关,具有"不可替代性"。也就是说,面对同一种场景,有的学生可能会出事,而有的学生可能会泰然处之。比如,本案例中提到的小辉,要是换成别人

八、带好差班的保障：处理好突发事件

的话，可能就不会那么"愚蠢"地直接在课间找人算账，因为那不是明摆着要被发现、要被处分吗？！这种显而易见的利害关系，可能只有小辉及类似的学生才想不清楚。

然而话虽如此，我们却不能以此作为"班主任工作低效"的遮羞布。在本案例中，在此次围殴事件发生之前，我已经在上学期对小辉做了相关的提醒、警告、建议等工作，但是从后来的事实来看，我所做的工作可以说没有起到任何实质性的作用。也就是说，我所进行的班主任工作，是低效的，甚至是无效的。

那么，我所进行的班主任工作为什么是低效的呢？

首先，我并没有找到问题的根源。在上学期，小辉和那名高一男生之间的矛盾并未演化成激烈的冲突。而我在处理这件事情的时候，只是针对"打架的后果"以及"如何更好地处理来自学生的挑衅问题"等方面给予小辉提醒、警告和建议，而并未深究问题的根源，也就是说，他们之间的矛盾还摆在那儿呢，并没有因为我的工作而减少一丝一毫。原来的矛盾还在，新的矛盾又不断积聚，时机一到，矛盾肯定会演化成激烈的冲突。当然，即便我想坚持去调查清楚，那么小辉也不见得就会把问题全盘托出，因为当时涉事双方口供一致，且问题也不严重。然而，即便如此，我还是应该多加揣测、多方探寻问题的根源。

其次，我并没有进行连续的预防。在教育活动中，几乎从来没有一劳永逸的事情，而我在仅仅给予小辉一次的提醒、警告及建议后，就把此事"忘了"。倘若我在开学的前几天哪怕只是和小辉随便聊聊此话题，那么可能也会成功阻止群殴事件的发生。然而，我并没有做这些事情，一个又一个的教育契机就这样无声无息地从我身边溜走。这不能不说是我在班主任工作上的疏忽。

最后,我并没有做真实而具体的主题教育活动。一般情况下,我在开展引导学生不要打架等活动时,往往只是蜻蜓点水般地告诫学生"打架后果很严重",而并没有进行针对打架的真实而具体的主题教育活动。如果我能以身边的一些真人真事为材料,配一些能显现打架后果的血腥、伤残甚至死亡的图片,再加上一些事后的处分、赔偿等信息以及睿智处理类似事件的建议,时常开展一些相关主题班会活动,那么这一定可以促使面临类似问题的学生进行更有意义的思考。

总之,相对来说,差班的问题更多,我们班主任在带差班时,除了要尽力做一系列理应做的分内工作外,还应尽心思考如何把这些工作开展得更有效。

温馨提示

我的责任是什么?

教师职业危险吗?

在各大教育论坛,我们可以经常遇见这个问题。以我的理解,教师职业本身并不危险,危险的是不健全的制度和落后的文化容易造成对教师不公正的对待。教师职业为什么危险,就在于教师极容易得到不公正的对待,下面这个几乎可以成为笑话的例子正说明了这个问题。

一个学生得了乙脑,原因可能是被蚊子叮咬治疗无效而死亡。家长找学校索赔20万元,理由是孩子是被学校的蚊子叮咬的。虽然家长无法有效证明孩子是被学校的蚊子叮咬的,但是家长照样起诉学校,最后的结果是:学校为了不知道是哪里来的蚊子赔了5万元。也就是说,学校败诉了。

我们可以想象一下，倘若这个孩子是在医院里被蚊子咬伤的，即便家长用录像机把蚊子叮咬孩子的全过程都录制下来，然后拿着录像带去状告医院，那么医院会败诉吗？我想，医院是不会败诉的。换成其他任何一种单位，我想他们都不会败诉。这正是悲哀之处，学校、教师及教育都处于弱势地位。

事实上，教师、学校及教育现在就是社会中的"冤大头"，尤其是在基础教育界。君不见，犯罪分子多了，有人说根源在教育；贪污腐败分子多了，有人说根源在教育；马加爵、药家鑫杀人了，有人说根源在教育；中国人获不了诺贝尔奖，有人说根源在教育；当代的大学生不关注社会，有人说根源在教育；就连中国人喜好的乱吐痰行为，有人说根源也在教育……这样看，教育真应该被判斩立决！当然，我不是说这些问题的产生和教育压根儿就没有一点关系，只是想说明这些问题产生的原因绝不能简单地归结到教育的头上。我们的社会，当不再把问题的根源全部放在教育的头上的时候，就真的会进步了。

我之所以要发这么多牢骚，就是想强调一点：在当今教育界，一旦发生了恶性事件，直接涉及的教师，即便没有任何责任，那也几乎不可能完全不受损；倘若教师本身的言行还存在些许问题，那就更是有理说不清了，结果就只能是"有苦没处诉，吃不完兜着走"。

正是鉴于上述实际情况，作为班主任的我们，在处理突发事件时，必须明确自身的责任——严格运用符合教育要求的规范方式来处理问题，切不可率性而为。比如，在处理王安景殴打吴老师这件事情时，如果当初我对王安景的严厉批评引起了他的反抗，那么我即刻就被卷进了旋涡之中。如果事件因此而升级，那么责任就是我的。

那么，什么是符合教育要求的规范形式呢？

比如，学生在请假时，我们必须在和家长联系并征求家长的同意后，才签字准假；学生未按时返校时，我们必须在第一时间内联系家长；学生告知我们身体不舒服而想回寝室休息时，不管学生是真的不舒服还是假的不舒服，都必须和家长联系一下，家长同意学生回寝室休息，我们才让学生回寝室休息，并尽力说服家长到校看看孩子，或者把孩子带到医院检查一下……

关于突发事件的处理，我们的责任就是：严格运用符合教育要求的规范形式来解决问题，包括不计个人已有损失、稳定各方情绪、及时上报领导、及时联系家长、及时反馈重要信息、积极参与解决问题、妥善进行善后工作等。至于具体的实际操作，我在前文中已经以"学生殴打老师"的案例做了较详细的说明，此处不再赘述。

总之，我们明确责任的目的，一方面是为了更好地履行自己的责任，以免因失职而带来不必要的麻烦，另一方面是为了更好地规避一些责任，因为这些责任本来就是应该由学校领导、学生家长等各方承担的，倘若我们不规避这些责任，极有可能使问题更加棘手。这样说，倒不是倡导我们班主任在关键时刻学会撂挑子、钻空子或者撇清关系，因为问题一旦出现，只靠我们班主任的大包大揽，那是不利于问题解决的。

后记：那些和我们一起过"火焰山"的人

我无意夸大一线老师做教育工作的难度，但是如果我们热切而诚挚地想去做一些真正的教育工作的话，那么我们并不会显得轻松，因为时下的教育问题真的太多。这些教育问题犹如一座又一座"火焰山"，如果我们想借到"芭蕉扇"，彻底扇灭大火后再平平安安地走过，那么我们自身的心智可能会略显捉襟见肘。此时，我们要衷心感谢那些陪伴着我们一起过"火焰山"的人们。

我们要感谢我们的家人。担任差班班主任，我们需要为班级的事情付出更多的时间和精力，这样一来，我们陪伴家人的时间就会更少。另外，有时我们可能会因为未能把一些班级琐事处理好而变得郁闷、烦躁，甚至有时还会因为郁闷、烦躁的心情而对家人发牢骚或无名之火。此时，就算我们的家人对我们有过些许的埋怨，我们也要感谢他们，因为他们至少给我们创造了一个稳定的"大后方"，而没有让我们拿出更多的时间和精力来处理家庭事务，这本身就是对我们的最大支持。如果家人能够全方位地体谅和理解我们，那么我们更应该感谢他们了。

我们要感谢我们的同事。像我这种带班经验不够丰富的人，经常会在遇到问题时去请教一些同事，他们往往会热情地帮助我。这不仅让我能及时地解决问题，而且促进了我的专业成长。另外，我们还有很多"偷偷地"学习他们的机会，比如，时不时到他们的班级看看他们是怎么布置教室的，当他们和学生谈话时听听他们是怎么和学生交流的，当他们遇到类似问题时想想他们是怎么处理的……这种学习机会太多了。对我们来说，我们的同事，本身就是一个巨大的资源宝库。我们要感谢我们的同事。

我们要感谢广大网友。很多热心的网友在帖子上、研讨群里会毫无保留地把自己的经验、心得、智慧贡献出来，这种来自教育一线的"锦囊妙计"往往会成为我们的"救命稻草"。很多时候我们在不经意间可能就会得到广大网友们的点拨和帮助，而有一些网友，我们可能都不知道他们的名字。在当今网络时代，我们要感谢广大网友。

我们要感谢那些懂事的学生。就算是再差的班级，也总会有一些非常懂事的学生。不可否认，是他们的成长让我们看到了班级的希望，是他们的理解让我们的内心觉得欣慰。有时，他们无意中的一个眼神，可能都会让我们感动。我们要感谢这些懂事的学生。

对我来说，我很早就有心写一本有关"差班"的书了，但迟迟没有找到恰当的主题，是吴红先生的提醒让我明确了写作的方向。另外，在写作的过程中，吴先生还提出了很多具有启发性的宝贵建议，同时给予了我很多鼓励。这些暖洋洋的交流，让我的写作过程更加顺畅。我要感谢吴先生。

在成长的岁月里，请让我们感谢并铭记那些陪伴着我们一起过"火焰山"的善良的人们吧！

万千教育 基础教育类书目

书号	书名	著、译者	定价(元)
班主任工作理念与方法			
2204	做一个会"偷懒"的班主任(第二版)	郑学志 著	48.00
1708	怎样教授道德才有效 ——德育心理学家给教师的建议	杨韶刚 等译	48.00
1709	学生特殊问题发现与应对 ——给普通教师的建议	昝飞 等著	48.00
7318	与学生家长"过招" ——班主任的家长工作艺术和技巧	郑学志 著	26.00
7316	把班级还给学生 ——班集体建设与管理的创新艺术	郑立平 著	26.00
7319	班主任工作的55个"鬼点子"	刘坚新 等编著	26.00
7344	遭遇问题学生 ——问题学生的教育与转化技巧	万玮 编著	25.00
7317	魅力班会是怎样炼成的	杨兵 著	25.00
8631	家校沟通,没有痛过你不会懂 ——知名班主任梅洪建的心路历程	梅洪建 著	32.00
0539	如何上好班级心理辅导活动课 ——钟志农答疑50问	钟志农 著	42.00
9902	德育主任新方略	丁如许 著	32.00
8611	班主任工作中的心理效应	刘儒德 主编	35.00
1135	班主任有效沟通的艺术与技巧	李进成 著	36.00

0541	班主任如何破解德育低效难题	赵 坡 著	35.00
9135	班主任，青春万岁——王君带班之道	王 君 著	34.00
8770	班主任如何带好差班	赵 坡 著	30.00
8309	扶年轻班主任上马	王 莉 著	38.00
7926	教师必须掌握的教育惩戒艺术	郑立平 等 著	28.00
7928	做一个聪明的班主任 ——对常见七类学生的教育艺术	郑立平 等 著	28.00
班主任工作理念与方法合计			**642.00**
课堂管理系列			
9193	让教师都爱上教学 ——307个好用的课堂管理策略	罗兴娟 译	34.00
7312	让学生都爱听你讲 ——课堂有效管理6步法	屈宇清 等 译	20.00
7697	课堂管理，会者不难	王晓春 著	26.00
0800	中小学生纪律教育 ——全方位解决纪律问题的策略	陆如萍 等 译	42.00
8502	中学课堂纪律管理指南	徐昌和 等 译	48.00
0673	透视小学生课堂行为 ——小学教师的课堂管理指南（第九版）	赵 琴 译	48.00
0674	透视中学生课堂行为 ——中学教师的课堂管理指南（第九版）	陈彩虹 译	46.00
课堂管理系列合计			**264.00**
教育理念与实践系列			
1139	如何当好教研组长 ——中小学教研组长专业素养与行动	杨向谊 著	36.00
1566	教导主任工作问题案例集	黄银美 主编	42.00

编号	书名	作者	价格
1471	闪闪发光的故事：童书阅读与欣赏	周益民 著	32.00
0801	故事、儿童和作家的秘密 ——走近儿童阅读	周益民 著	32.00
0163	童年爱上一本书 ——教师、父母如何伴读	周益民 著	28.00
1564	教育：一场惊人的旅行	史金霞 著	62.00
8931	重建师生关系	史金霞 著	42.00
9906	教师怎样少做无用功？ ——高效能教师必备法则	王晓春 著	32.00
8557	王晓春给青年教师的100条建议	王晓春 著	28.00
0734	怎样评价学生才有效 ——促进学习的多元化评价策略	陶志琼 译	48.00
8771	教师怎样说话才有效	李进成 著	32.00
0540	从生活中悟教育智慧 ——教育隐喻启示录	严育洪 著	36.00
0035	重构教师思维 ——教师应知的28条职业常识	刘祥 著	32.00
9746	教师职业生涯十大误区	茅卫东 著	27.00
9554	"偷师"杜威 ——开启教育智慧的12把钥匙	邱磊 主编	35.00
9137	跟禅师学做教师	谢云 著	28.00
8952	教育管理学：理论与实践（新版）	朱志勇 等 译	88.00
8574	魅力男教师修炼36计	林华民 著	29.00
8601	破解挑战教师智慧的42个问题	宁杰 郑立平 著	36.00
8564	零距离英国教育	唐彩斌 等 著	35.00
7615	零距离美国课堂	王文 著	28.00

8604	一位青年教师的专业成长之路——王君专业求索笔记	王 君 著	32.00
8271	让教师偷着乐——校园幽默笑话396则	唐劲松 主编	18.00
7927	教师兵法	刘坚新 编著	28.00
7866	老师好好学习，孩子天天向上——"麻辣教师"邓睿手记	邓 睿 著	25.00
7704	心与心的约会——孙明霞的生命化课堂	孙明霞 著	28.00
7281	教师时间管理策略	张迪帆 译	22.00
7334	初为人师第一年（中学版）——新教师的50个第一次	张彩云 主编	30.00
5655	从教第一年——新教师职场攻略	赵 丽 等译	45.00
5551	实证教育方法	肖 艳 等译	35.00
5088	培养中小学生的创造性——理论与实践	胡清芬 等译	16.00
4722	教育性评价	董 奇 等译	35.00
3829	班有天才——普通班级中培养天才儿童的策略与技能	杨希洁 等译	21.00
3719	教师角色	丁 怡 等译	24.00
教育理念与实践系列合计			**1147.00**
教育教学心理系列			
2106	写给教育者的积极心理学（第二版）	任 俊 著	48.00
1791	理解0—12岁儿童的学习	赵 琴 译	36.00

……
欲了解更多图书信息，请登录：www.wqedu.com
联系地址：北京市西城区三里河路6号院2号楼213室 万千教育
咨询电话：010-65181109，65262933
*本目录定价如有错误或变动，以实际出书为准。